全媒体播音主持实务丛书

社会生活节目主持艺术

SHEHUI SHENGHUO JIEMU ZHUCHI YISHU

廉伟 ▷ 著

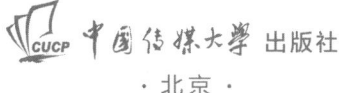 中国传媒大学 出版社

·北京·

目录

CONTENTS

1	绪 论	
1	**第一章**	**社会生活节目发展概述**
3	第一节	电视节目栏目化与栏目主持人的设立
6	第二节	节目的百花齐放与主持人的个性展露
15	第三节	频道化的大力建设与主持人品牌的树立
22	第四节	节目分众化传播与主持人多元化驾驭
36	第五节	垂直内容融媒传播与有声语言多元创新
44	**第二章**	**社会生活节目主持创作特点**
44	第一节	社会生活节目主持人的传媒角色
49	第二节	社会生活节目主持的语言特点
52	第三节	社会生活节目主持的能力诉求
57	第四节	国外同类节目创作特点简析
68	**第三章**	**社会生活节目主持创作方式**
68	第一节	以讲述为主要创作方式
84	第二节	以访谈为主要创作方式
99	第三节	以体验为主要创作方式

数字资源总码

| 119 | 第四节 | 综合运用的创作方式 |
| 134 | 第五节 | 新媒体有声语言创作方式 |

140	**第四章**	**社会生活节目主持能力训练**
140	第一节	有声语言单项训练
156	第二节	融媒语境复合能力训练
159	第三节	融媒创作教学实践平台搭建与"妙语廉珠"作品分析

| 207 | 结　语 |

| 209 | 参考文献 |

绪 论

社会生活节目由社教节目发展而来,在广播电视节目中,占有举足轻重的地位。它在中国电视史上出现得非常早,20世纪50年代末,电视上就开始播放具有教育性、知识性、服务性的节目,比如《医学顾问》《生活知识》等。它也是我国电视史上最早设立栏目形式和固定主持人的节目类型,1978年8月12日,《为您服务》栏目的开播和沈力作为主持人的设定,具有标志性意义。

沐浴着改革开放的春风,社会生活节目一路发展,不断推陈出新。时至今日,不管是在传统媒体节目中,还是在新媒体的内容生产中,社会生活节目始终保持着它的活跃度:题材丰富,领域广阔,形式多样,变化多端,目标受众细分化,主持形态多元化。

社会生活节目担负普及科学文化知识、提供生活服务信息、提升全民文化水平的重任,为传扬与承续民族优秀文化传统、促进社会精神文明建设起到了积极的作用。

一、社会生活节目的定义

社会生活节目对社教节目既有所传承,又有所创新。

社教这个概念"最早是20世纪60年代从苏联电视界引用的。半个世纪过去了,国际形势、国内形势和社会形态早已发生了翻天覆地的变化,社教节目肯定不能死抱着固有的观念不放,节目形态当然应该顺应时势,作出调整;节目定义当然要适应变化,与时俱进;节目发展也必须实事求是,从实际出发,寻找新的思路。"①

21世纪以来,一些学术论文对社教节目的现实瓶颈与发展趋势进行了探讨。有的关注到社教节目的新变化:"社教节目的题材和体裁一直处于不停的调整与组合中……社会教育,不论是作为历史上的政治概念,还是现实中的节目定位都已经远远不能表现目前社教节目的内涵与外延,不能全面、准确地代表随着社会发展而日益细化的电视功能。"②社教节目"新的定位,即由组织社会教育转向传播社会文化"。③ 这个转变将"标志着电视节目由传统文化的简单载体,转变为新型的社会文化本体中有机的组成部分"。④社教节目的功能萎缩、规模弱化,总结其原因,诸如:"社教"概念本身存在模糊性、"社教"节目本身严重老化、新闻节目的融合带来冲击、收视率杠杆作用使节目生产受影响、电视制播体制的变化使节目受冷遇等。"如今提到'教育'好像就让人反感,似乎教育就意味着简单的说教,意味着低估观众的认识水平,甚至有人会问,在观众与电视节目已经形成互动的情况下,社教类节目还有存在的必要吗?观众还需要从电视中得到教育吗?社教类节目的创作人员自己也似乎想很快摆脱这样的困扰,认为社教类节目应该抛开'教育',走新闻化、娱乐化的路子。社教类节目的本质在这种认识中一点点丧失。"⑤

---

① 陈活群.社教节目:正名与正行[J].南方电视学刊,2011(3):100-101.
②③④ 王甫.社教节目:由社会教育转向社会文化[J].新闻战线,2000(7):68.
⑤ 李英莉.论社教类节目的独立品格[J].记者摇篮,2005(7):31.

绪 论

"曾几何时,上到中央台下到县级台都设有'社教部'(再不济也是个'新闻社教部')。每年大大小小的各级评奖中,'社教节目'也都是紧排'新闻节目'之后,奖项的含金量也在伯仲之间。可如今,绝大部分电视台都不见'社教部'的踪影,新入行者甚至可能都没有听过'社教节目'这一个节目门类。社教节目似乎已经离我们的电视从业人员、电视观众远去了!"[①]有的电视台已经"将原来的社教部改名为社会生活部,进一步拓展社教节目的外延"[②]。"实力强的省市电视台撤并社教部,采用频道(中心)制,推出对象观众相对明晰的专业频道,对节目按照内涵和外延的区分进行了相对科学、明晰的节目设置……养育了很多节目类别的'社教节目'开始了弱化、淡化自己的过程,也开始了我国电视节目大发展的进程。"[③]

《中国播音学》对"电视社教类主持人节目"的界定为:"以社会教育为宗旨的电视节目的总称","设立了主持人的,就是电视社教类主持人节目"。[④] 2003年出版的《实用播音教程(第四册):电视播音与主持》中提出,"它的基本社会功能是教育,包括政治理论教育、理想道德教育",通常分为"教育性、对象性、服务性、教学性"[⑤]节目。2015年出版的《电视节目播音主持》中,对"电视社会生活节目"的界定是"以提高科学文化素养,深化社会道德与法制认知程度,全方位提供生活信息与服务,提高人文修养与审美水平为宗旨的电视节目"[⑥]。对于从"社教"到"社会生活"名称及概念解读的转变,体现了理论研究的发展。

---

① 汪波.涅槃中的电视社教节目[J].传媒观察,2006(4):43.
② 刘佳.电视社教节目向何处去[J].视听界,2005(4):98.
③ 汪波.涅槃中的电视社教节目[J].传媒观察,2006(4):43.
④ 张颂.中国播音学[M].北京:中国传媒大学出版社,1994:572.
⑤ 罗莉.实用播音教程(第四册):电视播音与主持[M].北京:中国传媒大学出版社,2003:230.
⑥ 中国传媒大学播音主持艺术学院.电视节目播音主持[M].2015:132.

二、社会生活节目的分类

学界通常将电视节目分为新闻节目、社教节目、综艺节目三大部分。以往社教节目的下一级分类逐渐升位,与新闻节目、综艺娱乐节目作为同一层次的分类。社教节目通常被分为对象性节目、生活服务(时尚)节目、法制(法律)节目、财经节目、文化节目、旅游节目、婚恋节目、健康养生节目等。"现阶段一般的分类方法是限定不同的分类标准,制定出几组分类序列。"比如根据内容、涉及的专业领域、节目体裁、节目组合形式、传播对象的社会特征等。"同时也出现了综合不同分类标准,把所有具备一定规模的节目类型并列列举的分类方式。……这里有题材划分、对象划分、行业划分、功能划分、表现形式划分,都混杂于同一层面,力图全面概括电视节目的所有类型。"[①]这个现象亦凸显了社会生活节目丰富的内涵和庞大的外延,体现了它几十年的发展成就,也反映了新世纪以来频道化发展的稳劲态势和优良前景,彰显了分众与小众诉求的传媒现实。

社会生活节目按内容可以划分为科学科技节目、生活时尚节目、健康养生节目、婚恋交友节目、情感故事节目、职场财经节目、文化历史节目、信息服务节目、社会与法节目、益智竞赛节目等。按节目对象可划分为少年儿童节目、青年节目、女性节目、农业节目、军事节目等。

三、社会生活节目研究现状

关于社会生活节目(包括社教类节目)主持创作的专著较少,系

---

① 张小琴,王彩平.电视节目新形态[M].北京:中国广播电视出版社,2007:54.

统性论述主要见于播音主持类教材、学术文章以及类型节目研究中提及主持的部分。根据中国知网的检索结果,结合相关理论研究,对社会生活节目主持创作的探讨主要集中在以下几个方面:(1)有关主持人内在修养。掌握与节目有关的专业知识,具备复合型的知识体系,能够深入地掌控节目;有丰富的人生经验和生活阅历,其经历和感悟的积淀能够使节目更具人文精神;有亲和力,善于与人沟通;一专多能,能够应对多种业务需求。(2)有关主持人业务创作。能动地发挥主持人串联的作用,寻求个性化表达,让串联有特色、有意义;巧妙处理与嘉宾(专家)的关系,把握好"中介"的身份,扮演好"观众的代言人"的角色;准确把握对象的特点,了解对象的特殊需求。(3)有关主持人品牌形象塑造。树立主持人品牌,是社会生活节目增强可信度、形成品牌的重要环节;打造"明星"主持人,可以增强节目的吸引力,提高节目的收视率。

四、本书特点

本书是中国传媒大学校级科研项目"电视社会生活节目主持"的成果,它基于传统媒体传播,结合融媒传播新语境,探讨社会生活节目有声语言创作的发展策略。

在播音主持专业教学中,"社会生活节目主持"只有约50学时,相对于新闻、综艺节目播音主持,其在本科教学中的比重要低很多,这与一线对学生业务能力的要求是不相匹配的。事实上,大量的实习机会和用人需求来自传统媒体的社会生活节目或新媒体垂直内容生产。

基于以上现实,本书期待"社会生活节目"及其主持的概念阐释和创作体系构建能够"更具有时代面貌,内涵更丰富,更贴近社会,具有时代性、社会性与人文性"①。

在媒介融合发展的新语境下,社会生活节目主持创作需要做新的规律性探索,建构具有时代特征的创作体系并付诸实践。作为"文化传播者"的社会生活节目主持人,面对全球化的文化"一元化"威胁,面对传媒公信力削弱的危机,需要着力于信任感的重建与文化影响力的提升,采取"多元渗透"的策略,并以加强全民的审美意识、提高全民的审美水平为旨归。

本书涉及百余个社会生活节目,详尽分析了二十余位优秀主持人创作案例。这些节目和人,有的已经成为历史,有的节目依然存在,有的主持人依然活跃在媒体中,这使得本书更具史料意义和现实观照意义。

本书第四章为社会生活节目的主持能力训练,其中包含具体练习提示、基本要求、示例分析、节目文稿,还包括新媒体内容创作指导,为学习者提供方向指引和实践素材。

---

① 罗莉.当前"电视社会生活节目"主持特色之我见[M]//播音主持艺术 9.北京:中国传媒大学出版社,2009(1):114.

第一章　社会生活节目发展概述

社会生活节目的发展脉络大体可以总结为：简单的服务节目、教育性节目——"社教节目"的规模化发展——各种二级类型节目丰富拓展——频道化带来节目类型分裂与重组——节目细分化、窄众化——交叉类型节目的形成——"社会生活类"节目的多元化呈现——垂直内容的融媒生产。

社会生活节目在电视节目诞生之初即存在，主要是结构单一的服务节目、教育节目、教学节目等，其创办的宗旨是"社会教育"。节目形式主要是电视专题片，虽然有的节目有类似栏目的名称，但是只有一个节目，并不是由多个节目或版块组成的栏目，也没有设置固定的栏目主持人。早期的社教节目有《医学顾问》《卫生与健康》《祖国各地》等，也有为少年儿童制作的节目，还有理工、农业、科技、外语、音乐、书法、美术、摄影、烹调等各种专业性的知识讲座。

半个多世纪以来，社会生活节目从诞生到日趋成熟，从栏目化到频道化，从全面普罗大众到关注分众小众，从简单纯粹、朴实随意到纷繁复杂、细腻精致，从注重宣传宣讲到更多服务分享，从严谨正统到轻松娱乐，从注重"讲理儿"到注重"说事儿"，从缺乏时效性到"第一时间"的恰切应对，从"我"播"你"看、"我"教"你"学到观众全方位参与互动；主持人从"略胜一筹"的良师益友到"隔壁大婶家的儿子"，从语态稳重、风格趋同到话语样态灵动多变……社会生活节目的创作思路、传播理念、对象设定、内容选择、结构样态等,都随时间的推移产生了鲜明而富有特质的变化。"它们往往以其反映和表现时代生活的敏捷性、广泛性和深入性,而与时代精神同声相应、同气相求。尤其是,在计划经济体制向社会主义市场经济体制转型的历史天幕上,那些优秀的社教类节目不仅深刻、全面地反映了社会转型时期政治、经济、文化的冲突与融合,还以其生动感人的影像表意系统对当代中国社会的时代风尚、价值观念、社会心理等产生复杂而深刻的影响。这些节目或通过对风云变幻的社会图景的再现来表达人们真切的生存体验;或用一种平淡的节奏、朴实的风格来讲述那些芸芸众生悲欢离合的日常遭际与心灵困惑;或使影像中的人生具象为当代人的现实人生……可以说,这些节目以其洞察力、同情心和现实精神连通着观众的现实体验,并与他们达成了心灵的共鸣与对话。"①

社会生活节目最突出的特点在于它着眼宏观而着手微观,能够更为贴近并且更为真实地反映现实社会生活和人们的精神风貌,更易于被受众理解和接受。它的教育教学性和专业服务性的内容,以及其社会教育影响力和渗透力,是其他类型节目所无法替代的。它的独特魅力在于润物细无声——和新闻评论节目相比,社会生活节目在时效性方面通常并不占优势,但它能够对新闻性内容做更深入的讲解剖析,同时更为亲切活泼;和综艺娱乐节目相比,社会生活节目在娱乐性方面相对处于弱势,但它的专业性、贴近性和渗透力都非常强,温馨亲切或鲜活生动的演播环境以及大量自然的、生活的外景比综艺娱乐节目更朴实自然,具有绵长而持久的吸引力。

本章将重点梳理改革开放伊始到今天,社会生活节目及其主持创作的发展历程。

---

① 彭文祥,钟丽茜.论社教类电视节目的制作理念和美学追求[J].浙江传媒学院学报,2007(2):11.

第一章 社会生活节目发展概述

第一节 电视节目栏目化与栏目主持人的设立

一、社会生活节目栏目化的开端

改革开放之初的十年,人们对电视节目的关注度远不及电视剧。在当时的电视节目中,除了新闻节目和有限的文艺节目外,就是社会生活节目的前身——社教节目。人们的精神世界刚刚回归理性,语境逐步宽松,使得社教节目的内容更加贴近百姓生活,并且从过去注重高调"宣传"到更多地反映现实,形式上从严谨说教转换为亲切交谈,社教节目渐渐被观众关注和认可。社教节目更加专业化,更具主题统一性,不仅稳固了收视群体,还为日后其他类型节目的栏目化发展奠定了基础。比如,为大家提供生活服务的《为您服务》(图1-1)(1979年8月12日开播),面向特殊群体的《人民子弟兵》(1980年2月开播),体现人与动物和谐共生的《动物世界》(图1-2)(1981年12月31日开播),专门为少年儿童创办的主持人栏目《七巧板》(图1-3)(1985年6月1日开播),等等。20世纪80年代中期连续每年举办的《五四青年智力竞赛》首开国内电视有奖抢答直播节目的先河。

图1-1 《为您服务》

图 1-2 《动物世界》

图 1-3 《七巧板》

二、社会生活节目固定主持人的设立

中央电视台于 1983 年元旦率先在《为您服务》栏目中设立了主持人——沈力(图 1-4)。她在节目中用生活化的口语、以第一人称和观众交谈。主持人的设置是中国电视传播史上具有突破性的一步。20 世纪 80 年代末到 90 年代初,沈力、张悦(图 1-5)等不仅成为社教节目主持人的典范,还被观众当作良师益友甚至亲人。这个时期,另一位中央电视台的节目主持人也备受观众瞩目和喜爱,她就像一位青春活泼、能歌善舞的大姐姐,她就是少儿节目《七巧板》的主持人——鞠萍(图 1-6)。除此以外,还有一个温厚而独特的声音在人们心中留下深深的烙印,那就是赵忠祥在《动物世界》中的配音(图 1-7)。虽然赵忠祥不承担主持人的职责,但他磁性的声音已经和栏目融为一体。

图 1-4 沈力(左二)

图 1-5 张悦

由此，人们认识到社教节目中专题片配音的艺术性追求对节目传播的重要性。

图1-6　鞠萍(右二)

图1-7　赵忠祥

20世纪80年代的社教节目主持处于初步探索阶段，电视工作者在一个又一个新开设的社教节目中，摸索着与节目相适应的主持方式。当时社教节目主持人的"模范式"主持样态是这样的：一个朴素大方的主持人，或端坐或站定在屏幕前，规规矩矩地、尽量口语化地"说话"，语速较慢，其主要任务是串联整个栏目，简单演示操作过程，比如教观众织毛衣等。

沈力在主持《为您服务》时，经常改写或自己撰写串联稿，这里摘录一段：

> 世界上有些事，常常是看起来挺简单，可是仔细研究起来还挺有学问。就拿喝茶来说吧，放上点茶叶，沏上开水就可以喝了。其实，这里面还有不少学问呐！在我们收到的观众来信中，就喝茶这件事，提出了不少问题，比如沈阳的黄启林等同志提出，喝茶对身体有好处呢，还是有害？
>
> 黑龙江的陆德科、四机部的夏牛同志来信问：能不能喝隔夜茶？隔夜茶里有没有致癌物质？
>
> 河南省王新民同志、湖北的朱宗文同志问：小孩喝茶好不好？
>
> 还有的同志问：怎么样泡茶，怎么样保管茶叶，怎么样自制茶叶里的茉莉花，等等。

不知道其他观众同志您是不是也想了解这些问题？我们准备分两次向您介绍有关喝茶方面的常识。今天,先来谈谈喝茶有没有好处。

从这段串联词中我们不仅可以捕捉到主持语言的时代特点,还能够体会到创作者的锐意创新和真诚服务。总之,这个时期的社教节目主持是规规矩矩的,示范性、引导性很强,主持人之于观众,是"良师"多于"益友"。这种贴近生活的口语化的表达虽然能够令观众感受到亲和力,但依旧让普通老百姓觉得这些说话严谨、举止端庄、人情通达的主持人有些遥不可及。

第二节　节目的百花齐放与主持人的个性展露

一、社会生活节目的百花齐放时期

20世纪90年代,社教节目经历了滑入低谷又走向新阶段的大变革。社教节目尤其是其中具有代表性的服务节目,在80年代末到90年代初经历了一段低迷的岁月。如中央电视台的《九州方圆》(1987年1月开播)和《与您同行》(1994年5月开播)两个栏目就是单纯"求大求全"的产物,创作者的初衷是用"大型化""综合化"满足更多人的兴趣选择,但是忽视了专业化、对象化特点,导致节目内容庞杂,对象界定不清,从而造成了观众的大量流失,两个栏目均播出不足2年便以失败告终。

这十年是我国经济社会转型期,也是我国电视业的一个大变革时期,社教节目和其他类型的电视节目一样,求变革、求发展、求创新,众多老牌社教节目整改或退出市场,很多新栏目陆续登场,新旧交替之时,总会出现碰撞,也总会迸发出火花;飞跃发展的时期也是机遇与挑战层出不穷的时期。随着改革开放的步子越迈越大,电视媒介传播改革的经验与教训相生相长,社教节目的时代性追求、专业化需求、对象性诉求以及服务性要求与日俱增。

20世纪90年代初,一档全新的社教节目《正大综艺》(图1-8)(1990年4月21日开播)顺应时代需求而生,成为国人了解世界的窗口。其名为"综艺",实则是将专题小片(或外景)和知识竞答两种社教节目形式巧妙地融为一体(图1-9)。"不看

图1-8 《正大综艺》

不知道,世界真奇妙""正大剧场""明星嘉宾现场答题"这些《正大综艺》特有的标语和环节,也成为那个年代的流行元素。节目主持人姜昆(图1-9)、赵忠祥(图1-10)、杨澜(图1-9、图1-10、图1-11),以及后来的程前、王雪纯(图1-12)等也因此家喻户晓。

图1-9 《正大综艺》主持人姜昆(左一)与杨澜(右一)

图1-10 《正大综艺》主持人赵忠祥(右一)、杨澜(左一)

图1-11 《正大综艺》主持人赵忠祥(左一)与杨澜(右一)

图1-12 《正大综艺》主持人王雪纯(左一)与程前(右一)

直到20世纪90年代中期,生活服务节目的制作方式和思路呈现出总体稳步推进的发展态势。1993年3月1日,在未经任何事先宣传的背景下,中央电视台《气象预报》(图1-13,图1-14)节目主持人"突然"出现在荧屏前,给全国人民一个惊喜,主持人将天气情况娓娓道来,让这个节目更具服务性和人性化。此时,老牌节目《为您服务》由于十几年间发展缓慢,内容狭窄,形式单一,缺乏现代、实用、科学的新观念,渐渐地落后于时代的发展。1995年该栏目被停播。1996年7月1日,中央电视台推出《生活》(图1-15)栏目,该

图1-13 《天气预报》主持人宋英杰

图1-14 《天气预报》主持人宋英杰

图1-15 《生活》主持人赵琳(左一)、金毅(右一)

节目无论是在时效性、信息量方面,还是在新鲜的"杂志化"的节目形态方面,以及成为经典的主持人"七步半"入画的形式感,都让观众眼前一亮,看《生活》成为一种时尚。《生活》对服务节目的改造为同类节目日后的发展提供了新思路。《为您服务》(图1-16)于2000年7月改版后再次播出,杂志化的栏目形式囊括家庭生活服务类、法律类、旅游服务类等有关生活的方方面面的信息,节目采用两位女主持人在居家环境中聊天的主持样态。相较而言,《生活》趋向于时尚理念的诠释,《为您服务》则更"贴近百姓、重在服务",这和两个栏目的最初受众定位是密不可分的——一个面向白领阶层,一个主打"有家庭生活的人"(张越,《为您服务》栏目制片人语)。

图1-16 《为您服务》
(改版后 logo)

对象性节目在探索中逐步找到了自己的定位和制作思路,这个时期制作的一些对象性鲜明的栏目,如青年节目《十二演播室》(1991年12月开播)、老年节目《夕阳红》(图1-17)(1993年10月开播)、女性节目《半边天》(图1-18)(1995年1月开播)、少儿节目《大风车》(图1-19、图1-20)(1996年6月开播),至今都是"叫好又叫座"的名牌栏目。

图1-17 《夕阳红》

图1-18 《半边天》

图1-19 《大风车》

图1-20 《大风车》

图1-21 《希望-英语杂志》主持人赵音奇(左一)

教学节目的形式逐渐丰富。例如，外语教学节目，除了像《跟我学》这样由英语老师授课的栏目外，还出现了由专业主持人带着观众学英语的节目，如许戈辉主持的《玛泽的故事》(1992年)、赵音奇主持的《希望-英语杂志》(图1-21)(1999年6月开播)。主持人的"偶像化"让学习节目变得亲切起来，拉近了节目与观众的距离。

随着节目形式的多样化发展，社教节目观众的参与程度愈来愈高，参与方式也愈来愈多元、即时。以往观众只能通过信件、热线电话(播出后反馈)发表自己的意见，而在这一时期，观众已经可以拨打直播电话或加入网络互动，第一时间发表自己的看法了。如央视的

图1-22 《健康之路》

《健康之路》(图1-22)(1996年7月开播)就利用自身的传播优势和现场直播的形式，大大增强了社教节目的时效性和参与性。

二、社会生活节目主持人的个性展露时期

随着社教节目主持人在电视节目中发挥越来越重要的作用,他们在广大观众中的影响力、感召力也与日俱增。主持人的个性特点逐渐鲜明起来,也带给节目多元的气质。目前业界及观众认可的"名嘴"有相当一部分起步于社教节目。观众会因为喜爱某个节目主持人而开始固定收看某个栏目。

20世纪90年代初,社教节目主持人主要是播音员、专业院校毕业生,也有部分演员。由于社会文化生活的丰富发展、港台电视节目的大量涌入,人们对电视节目主持人有了某种观念的转变,或说是添加了某种期待。这个时期,电视节目尤其是社教节目中出现了一大批优秀的主持人,还出现了"明星"主持人。90年代中前期最著名的电视节目主持人,除了做综艺节目的倪萍外,就是《正大综艺》的赵忠祥、杨澜,《生活》的文清(图1-23)、赵琳(图1-24),《半边天》的张越(图1-25),《实话实说》(图1-26)的崔永元(图1-26、图1-27),以及《东芝动物乐园》的王刚;90年代中后期,社教节目全面开花,节目主持人也颇受欢迎,如《正大综艺》的"继任者"程前、姜丰、王雪纯,《天天饮食》的刘仪伟(图1-28),《幸运52》的李咏(图1-29),《开心辞典》的王小丫(图1-30)等,这些主持人大都是当时乃至之后近十年里炙手可热的荧屏之星。

图1-23 《生活》主持人文清

图1-24 《生活》主持人赵琳

图 1-25 《半边天》主持人张越

图 1-26 《实话实说》主持人崔永元

图 1-27 《实话实说》主持人王雪纯

图 1-28 《天天饮食》主持人刘仪伟

图 1-29 《幸运52》主持人李咏

图 1-30 《开心辞典》主持人王小丫

20世纪90年代前五年,以杨澜为代表的主持人们在创作上呈现出承上启下的特点。杨澜在主持《正大综艺》栏目的四年间(1990年到1993年),其主持特点的变化大约可划为三个阶段:

第一阶段,如首期节目,杨澜和搭档姜昆身处一个标准的"知识竞赛"的现场。他们并排端坐在桌前,杨澜梳一个麻花辫,身着一件亮度偏暗、款式内敛的衬衫,面带微笑,略显拘谨,语言样态如同"报幕式","学生味"很浓。这一期的开场白是:

杨:亲爱的观众朋友,你们好。

姜:由中央电视台和正大集团联合制作的《正大综艺》节目今天和全国的观众朋友见面了。

杨:我们这个节目就是希望为您在茶余饭后增添一点生活的情趣,相信我们一定会在一起过得非常愉快的。

第二阶段,如第100期节目,杨澜和搭档赵忠祥站在舞台前,杨澜身穿艳粉色翘肩双排扣小西服,直发披肩,笑容灿烂。两位主持人的情绪均较为高亢,语流、肢体动作都很轻松、自然。这一期的开场白是:

杨:观众朋友们,你们好!

赵:今天是我们《正大综艺》播出的第100期!

杨:今天我们还有一位"特别"的特别来宾,如果提起《正大综艺》就不能不提起他的名字。他是谁呢?"不看不知道"……

姜昆:(入镜)"世界真奇妙"!

第三阶段,如第200期节目,杨澜穿一件亮度偏暗的粉色长款西服套裙,长发两侧向后束起,成熟、大方、自信。她声情并茂、感慨万千地结束当期节目:

杨:各位观众朋友,大家好。非常高兴您能够再次收看我们的《正大综艺》节目。

赵:我们《正大综艺》节目平常播出的时候,屏幕上并没有编号,不过屈指算来,今天这一期是第200期了。那么,每一次我们都会说"下个星期再见",我们心里是这么想的。那么这次呢,它是别有一番滋味在心头的,就是说我们这次"再见",那是相当长时期的一种"再见"了。

……

杨:一眨眼的工夫,四年就过去了。这四年是我从一个学生走上社会,走向成熟的四年,也可以说,这四年我是伴着《正大综艺》一起成长的,所以,对这个节目的感情,不是我现在一句话两句话可以说得清的。我只想借此机会,感谢在这四年当中所有给予我帮助、鼓励、批评和指正的老师、朋友,还有电视机前的观众朋友,衷心地感谢大家。

通过长期的主持经验积累,杨澜的主持风格已经明显贴近生活,还可以更多地加入个人独特感受的抒发、见解的陈述。在保持规范和严谨的基础上,主持语言、主持样态的自然度、自由度都明显提高。

20世纪90年代后五年,《生活》栏目李咏和赵琳的主持体现出主持创作进入了一个新的发展阶段。我们来看2000年6月一期中的串联词:

赵:现在出台了一些方法可以给大家省钱。

李:赶紧告诉我,我等不及了。

赵:你看电话卡都采取赠送的方式了。

……

李:好好,其实这个解决了一个很大的问题。过去我们的卡打了电话之后,比方说剩个2毛钱、3毛钱挺不好处理的,但是又挺可惜。实际上(现在的方式)它采取的是一个补足的办法,真是帮我们老百姓尽心尽力啊。

赵:还有呢,以后3秒钟以内的超短通话就不收费了。

李:哎呀,这个太好了。就是3秒钟之内的就肯定不收费了。那好,比如"你吃饭了没有",6个字吧?我分两遍打:第一遍,"叮咚",(接起电话)"你吃饭""咔"挂了——肯定没超过3秒。第二遍,"叮咚"(接起电话)"了没有",呵呵……

赵:(笑)这人家能听得懂吗?

李:(笑)只要能省钱就好。你不是说嘛,挣钱最好的办法不就是省钱嘛!

主持人在节目中主要借助腹稿或资料的整理加上即兴发挥来进行有声语言创作,并且在对话的过程中加入很多带有自身性格色彩的表达内容和表述方式,以及富有个人特色的副语言表达,如一些幅度稍大的手势,例如双手插兜的散步的姿态——这些带有差异性或个人色彩的呈现方式让主持人的创作和形象塑造更具个性化,更贴近观众。

第三节　频道化的大力建设与主持人品牌的树立

一、社会生活节目经历电视频道化建设

香港回归至新世纪初的几年是社教节目发展的关键时期,其影响力随着节目内容的丰富及形式的多样逐步提升。基于我国社会的发展变革,电视媒体、电视节目都产生了重大变化。凤凰卫视、湖南卫视、陕西卫视、上海卫视等开播,随后其他各省级电视台纷纷上星。

我国各地频道化建设从20世纪90年代中期开始逐步推进。2002年1月28日,海南卫视改为旅游频道并正式开播,成为国内第一家改为专业化频道的省级卫星频道。2003年,中央电视台进行了大刀阔斧的频道改革,多个新频道的推出和原有频道的整合,拉开了文化产业改革的大幕。社教节目"理所应当"地将其庞杂的内容分门别类地植入各个相应频道,这不仅符合社教节目自身对专业性、针对性的要求,亦满足了不同观众的个性化需求。"对象的指向更加清晰更加明确了,社教节目无形中在外延上扩大了,在内

涵上深化了。"① 社教节目基于这样的优势迅速发展起来,出现了一批至今依然颇具影响力的名牌栏目。

这个时期,益智竞赛节目有趣的"竞赛"形式被运用到多种节目类型当中,而原本形式单一、以知识为本的智力竞赛,也加入了娱乐游戏等综合手段,增加了节目的趣味性、娱乐性、竞争性和悬念感。央视《幸运52》(1998年10月开播)的出现引发了全国益智竞赛节目的创办高潮。北京电视台的《三星智力快车》(2000年7月开播)在传统的智力竞赛基础上进行改革,以知识为主线,辅以各种娱乐手段,具有寓教于乐的特点。央视经济频道的《超市大赢家》(图1-31)(2004年6月开播)、购物街(图1-32)(2005年3月开播)则是以游戏娱乐为主线、辅以生活百科等丰富内容、倡导健康快乐生活理念的新型经济节目。

图1-31 《超市大赢家》

图1-32 《购物街》

这一时期的服务节目做得有声有色,节目内容设计细致入微,道具使用量的增加显著提升了节目效果,整体上讲究时效性与实效性并举。比如一贯被观众认为"刻板"的天气预报发生了变化,不仅为上班族专门增设了早间天气预报,还增添了预报的内容,播报员的播报方式也发生了变化,变为如节目主持人一般亲切自然。中央电视台的《天天饮食》也一改往日烹调节目的"教学感",大胆启用操着广东口音的刘仪伟担当主持,一时间家喻户晓,足以体现当时电视节目工作者改革的决心和魄力。法制节目顺应社会

---

① 汪波.涅槃中的社教节目[J].传媒观察,2006(4):43.

发展的需求日臻成熟,中央电视台的《今日说法》(1999年1月开播)秉承"重在普法,监督执法,推动立法,为百姓办实事"的宗旨,成为中国人的"法律午餐"。1997年2月广东有线电视台购物频道的开播,预示着电视购物节目探索期的到来。

婚恋交友节目亦在这一时期发挥了最大的能量。婚恋交友节目发展的第一个阶段是传统的交友阶段,这一阶段的节目目的明确,服务性强,气氛融洽,带有浪漫气息,而且参与者身份、目的真实,真的能够通过节目找到"终身伴侣",比较受欢迎的节目如北京电视台的《今晚我们相识》(图1-33)。随着台湾《非常男女》(图1-34)的热播,1998年湖南卫视《玫瑰之约》(图1-35)重磅推出,一时间带动了全国各地同类节目百花齐放。随后,婚恋交友节目进入第二个阶段,即娱乐社交阶段,如河南卫视的《谁让我心动》、辽宁卫视的《一见倾心》等均为传统的"鹊桥"节目注入了娱乐的元素,使节目在满足服务性的同时也为观众带来愉悦享受。但是这类节目在博得眼球的同时,也存在许多争议:有人认为节目为情感交流提供的时间和空间都过于局促,这种"速配"的方式把爱情当成了游戏和娱乐,对待"严肃问题"不够"严肃",而参与者相对于第一阶段来说,也更多的是以找到"恋爱对象"为目标。

图1-33 《今晚我们相识》

图1-34 《非常男女》

图1-35 《玫瑰之约》

这一时期访谈节目的比重大量增加，专访、谈话、清谈等渐渐成为大众喜闻乐见的节目形式。根据节目内容，被邀请参加节目的嘉宾由最初的专家学者扩展至各个领域、各个阶层。如中央电视台的《朋友》（1999年开播），凤凰卫视的《名人面对面》（图1-36）（2000年开播），《鲁豫有约——说出你的故事》（图1-37）（2000年开播），浙江卫视的《亚妮专访》（图1-38）（2001年11月开播）等栏目，都是通过走访名人或接触普通百姓来探讨社会、体悟人生，引发社会大众的深入思考。

图1-36 《名人面对面》

图1-37 《鲁豫有约》

图1-38 《亚妮专访》

随着社会生活水平的快速提高、电视节目制作理念及技术的发展，文化旅游类节目逐渐成长起来。凤凰卫视从1999年10月到2000年2月组织了名为"从奥林匹克到万里长城"的《千禧之旅》（图1-39），后来又开办了《欧洲之旅》《两极之旅》等节目，这些节目都成为文化旅游类节目的经典之作。除此之外，中央电视台的《走遍中

图1-39 《千禧之旅》

国》(2002年开播)、北京电视台的《这里是北京》(2003年1月1日开播)也是游走于山水与文化之间,普及文化旅游知识的好节目。

1996年5月,中央电视台的《读书时间》栏目开播,一时间带动了全国的读书节目热。但在那个时期,"小众"节目是没有市场的。在这种创作环境下,国内的电视读书栏目纷纷停播,诸如上海电视台的《阅读长廊》于1998年停播,北京电视台的《华夏书苑》于2001年底停办,《读书时间》也在不停求变图新之后,于2004年转为《记忆》栏目。"在文化品位和大众普及的夹缝中艰难生存着的读书类电视节目或许需要一个反思自身的蛰伏期,才能期待迎来又一轮复苏。"①读书节目"曲高和寡"与"生不逢时"的命运,大约是小众节目在社会个性化需求日益强烈,以及频道化、专业化大发展到来之前的必然结果。从精英化走向大众化,继而走向"泛大众化",是精英话语权在大众传媒面前的妥协。我们从《百家讲坛》节目的发展演变中可窥一二。《百家讲坛》(2001年7月9日开播)起步时走的是精英路线,栏目定位为"一所汇集各路专家、学者的'开放式大学'",并力图架起"一座让专家通向老百姓的桥梁"。但是这种学术讲座、专业报告似的科教节目却收视平平,栏目濒临被淘汰的边缘。2005年栏目改版,开始"放下身段",经过与易中天、王立群、纪连海等的通力合作,使得《百家讲坛》变成"中学生的课堂",终于声名鹊起。但是随着收视群的不断扩大,栏目的文化品位也出现下滑,2008年《百家讲坛》栏目再度出现危机。

"精英"节目或者说面向高端人群的"小众"节目要想在大众传播中长久存活,一方面需要强大的、专业化的、非急功近利的传播平台,另一方面还需要节目制作者笃定的文化信念和坚定的引领态度,更需要社会总体精神文明水平的再提高。当然,我们也有少量"精英"节目做成了优秀、长效的品牌,如央视经济频道的高端精英谈话节目《对话》(图1-40)(2000年开播),秉承传播高端、前沿、新锐思想的制作理念,收视稳定,口碑甚佳。《对话》的成

---

① 鲍晓倩. 记忆代替读书 电视读书节目何处去?[EB/OL]. (2004-09-22)[2018-06-08]. www.southcn.com/nfsq/ywhc/ds/200409220320.htm.

图1-40 《对话》

功和经济频道的专业化平台支持、节目本身的时代感与时效性,以及其电视化手段的良好运用密不可分。

社会生活节目在这一时期还有一个重要的转变,就是越来越多的普通观众走进节目,交流烹调经验,分享生活窍门,做旅游体验者,表演情景剧,演绎百姓故事,观众参与节目的形式呈现出多样化的特点。

二、社会生活节目主持人品牌的树立

社会生活节目语境的变化发展使得主持人的主持方式日渐多样化,主持语言样态也随之增多。更为重要的是,主持人品牌意识在这个时期逐渐加强,主持人与栏目的契合度越来越高,出现了很多以主持人名字命名的节目,如凤凰卫视陈鲁豫的《鲁豫有约》、浙江卫视何亚妮的《亚妮专访》;或是主持人成为栏目的重要标识,如央视的陈伟鸿之于《对话》、撒贝宁之于《今日说法》、凤凰卫视的许戈辉之于《名人面对面》、北京电视台的徐滔之于《法制进行时》(图1-41)等。而且主持人在节目内外的掌控度、驾驭力都越来越强,主动性越来越高。

在这里,我们特别介绍一位主持人,她就是浙江卫视"全能型"主持人亚妮。《亚妮专访》(2000年3月开播)曾是浙江卫视推出的以主持人亚妮名字命名的文化专题节目。"它真

图1-41 《法治进行时》主持人徐滔

切地关注社会文化变迁,真实地记录文化人物命运"①。一顶棒球帽,一身休闲装,一双户外鞋,加上一个双肩包,这是当时中国访谈节目中最朴素的女性主持人形象。她总是准备好随时出发,总是颠簸在路上,总是出现在被访者的生活中。在场景的变换中,在时间的行进中,她总是一副平和、认真、热忱的神情。谈笑有鸿儒,往来有白丁,从文学大师、著名学者到普通的聋哑画家、贫困山区的盲艺人,她都能发现并用镜头记录下他们的闪光点。她以人文关怀为立足点,将触角伸向社会生活的各个层面,探讨社会问题、解读精英文化、挖掘少数民族地区尤其是老、少、边、穷地区鲜为人知的传统民俗、民间文化,表现手法细腻、视角独特、格调高雅。尤其为人称道的是,她曾用十年的时间,倾尽所有,只为记录一群"没眼人"——山西晋中左权县红都村古老的左权民歌的传唱人。功夫不负有心人,她终于将这个非遗文化用文字和镜头保留了下来并呈现于世。在"中国电视节目主持人25年25星"的评选中,评委认为,"在亚妮的节目中,这种对即兴采访的娴熟把握和对节目整体的架构能力,是建立在主持人宽泛的知识结构和高度的人文品位上的。她集采编播一体化,把传统意义上的访谈、专题、纪录片甚至娱乐元素融合一体,开创了记录状态下的访谈节目这一全新的电视节目形态,并在这个节目形态中注入人文关怀,弘扬文化精神,创作了一大批在全国具有广泛影响的精品节目,树立了文化电视节目主持人这样一个具有个性的模式,为中国电视的发展作出了相当的贡献。"亚妮把发掘、记录、保存民族优秀的、独特的文化当作自己的职责和事业,而不在乎是否能成为一个镜头前的名人。她说:"极致是主持人和节目完全融为一体,记住我的节目比记住我这个人重要得多。"遗憾的是,迫于收视率的压力,《亚妮专访》于2005年底停播。但值得庆幸的是,亚妮和其文化之旅并未停歇。亚妮和她的团队投入到《中国大使》和《中国外交档案》等大型电视系列片的拍摄中,《中国外交档案》还被誉为"中国首部大型史诗性纪录片"。亚妮所树立的个人文化品

---

① 沈丽菲.何亚妮 一直在路上.[EB/OL].(2010-01-14)[2018-01-10]. http://qynews.zjol.com.cn/qynews/system/2010/01/13/011748829_01.shtml.

图 1-42 《国宝档案》主持人任志宏

牌对中国电视文化和当代社会文化的影响力会一直延续下去。

此外,社会生活节目主持人相较于其他节目主持人会更多地参与到前期策划与后期配音、剪辑等工作中。如中央电视台的赵忠祥在主持《人与自然》(1994年5月开播)时还担任配音工作;任志宏在《国宝档案》(图1-42)(2004年10月开播)中身兼串联和解说的双重职责;《亚妮专访》中的何亚妮、《法治进行时》(1999年12月开播)中的徐滔更是在节目中同时担任主持人、记者、制片人、主编等多重角色。

第四节　节目分众化传播与主持人多元化驾驭

进入21世纪,观众个体化、个性化需求与日俱增,社教节目的目标受众划分由"粗放型"群体设置向鲜明的分众化、小众化设置发展。目标受众的"集约型"细分引发了节目源的剧烈膨胀,加之节目传播对象的分众化衍变、传播内容与形式的多样性衍变、传播功能的娱乐趋向衍变、传播技术与手段的先进性衍变等,使得社教概念已经不足以概括所有创作理念、创作思路、创作方法和创作目标,社教节目概念的内涵与外延都需要与时俱进地丰富和发展。"以特定观众群为收视主体,同时兼顾其他观众的对象性栏目,它的出现标志着社教类电视节目由以传播文化知识、开展社会教育为主要目的,经过服务类节目的过渡,转向了从不同层次、不同角度满足观众文化需求。这个转变不仅仅是一般电视节目定位的变化,它标志着电视节目由传统文化的简单载体,转变为新型的社会文化本体中有机的组成部分。"① 基于对一线节目制作、电视媒体节目播出及理论研讨资料的梳理和分析,我们将新时期语境下的这一类电视节目命名为"社会生活节目"。

一、社会生活节目的新世纪语境特征

1. 传播对象的分众化衍变

21世纪以来,社会的政治、经济、文化各方面都向多元化、多层化发展,人们的"社会观念、价值标准、文化理想、生活态度,甚至消费欲望和消费能力都产生了巨大的差别……受众分化是媒体必须要面对的一种发展趋势,所以媒体也就必须用不同的内容来满足分化的受众的不同需求"。② 频道化、窄播化开始"解体"传统社教节目。此前,社会生活节目目标对象的划分较为笼统,群体特点不够鲜明具体,进入21世纪后,逐渐细分为以性别、年龄、兴趣爱好、职业身份、生活方式、审美取向等多重因素为标准的各类人群。社会生活节目从面向所有人进行普及型教育、大众型服务,到分众化传播、窄众化服务,由此催生了一批数量可观的社会生活节目。

目标对象的进一步细分使社会生活节目具有更强的专业性和针对性,服务也更微观化和具体化。中央电视台的少儿节目以年龄段为标准细致区分受众,有面向3岁以下儿童的《小小智慧树》(图1-44)

图1-43 《小小智慧树》

---

① 王甫. 社教节目:由社会教育转向社会文化[J]. 新闻战线,2000(7):68.
② 胡正荣,张磊,段鹏. 传播学总论[M]. 北京:清华大学出版社,2008:207,208.

图1-44 《鉴宝》

图1-45 《天下收藏》主持人王刚和他的"护宝锤"

（2008年6月开播）、面向3至6岁儿童的《智慧树》（2003年12月开播）、面向6至14岁儿童的《大风车》《大仓库》（2008年6月开播）；面向女性观众的节目也从过去"唯一"的《半边天》或大众化的生活服务节目细化到专门针对时尚爱美一族、家庭主妇、孕产妇、年轻妈妈等不同群体的专属节目；再如央视的收藏投资鉴赏类栏目《鉴宝》（图1-44）（2003年10月开播）与北京电视台的《天下收藏》（图1-45）（2007年1月开播）曾经一度同时活跃在荧屏上，虽然都和古品收藏有关，但是二者的定位明显不同，前者风格严谨、知识性强，后者格调通俗、娱乐性强。所以，其所吸引的观众群体亦有较大差别，前者多是略知一二的人在看"门道"，后者则多是似懂非懂的人在看"热闹"。

社会生活节目的大量创作，使得专业频道的内容愈来愈丰富、愈来愈细化。当然，专业频道的"专"不是"纯而又纯、专而又专"的状态，而是呈现出"大专业、小综合"的面貌。中央电视台在新世纪第一个十年期间共开办了24套电视节目，其中财经频道、体育频道、科教频道、戏曲频道、社会与法频道、音乐频道、电影频道等是专业频道,中文国际频道、国防军事频道、农业农村频道、少儿频道等是面向特殊受众的频道。当时全国开办了80多个数字电视付费频道,其内容几乎涵盖社会生活的各个领域,面向越来越细分的受众群,其中包括"世界地理""快乐宠物""亲亲宝贝""风云足球""高尔夫·网球""四海钓鱼""车迷""读书""老故事""国防军事""邮轮旅游""时代风尚"等各种频道。

中国教育电视台一频道于2013年倾力打造"全国首个'成长'系列节目带,从呱呱坠地到成家立业的全程关怀"计划,为我们展现了一个窄众化传播的样式。若将"成长系列"节目受众按年龄阶段划分,可分为四个阶梯。全国首档儿童健康服务类节目《非童小可》(2013年1月开播)是"成长系列"节目的第一"阶梯",节目邀请众多国内一流专家探讨儿童的健康问题,"同时还涉及儿童养育过程中所遇到的教育问题、心理问题、行为习惯问题"等一系列成长问题,除访谈外,每期节目还会教家长们做一道"健康宝宝餐"。

《成长不烦恼》(2010年10月开播)是"成长系列"的第二"阶梯",主要针对中小学生家庭开展代际沟通,在轻松温馨的气氛中消除家长与孩子之间的隔阂、误会,搭建双方情感的桥梁,既教育孩子又教育家长。同期推出的《职来职往》(图1-46)(2010

图1-46 《职来职往》

年12月开播)应属"成长系列"的第三"阶梯"。这个节目主要针对毕业生,关注、探讨、指导青年就业,受众群体主要是大学生。《助跑80后》(2012年开播)可以说是这个系列的第四"阶梯",它关注18至35岁青年人的成长,节目每期邀请一位"成长和成就值得青年人借鉴的嘉宾到场,与青年朋友自由、平等地交流,并为他们解答在职业规划、生活情感、人生态度等方面的各种困惑和问题","为帮助当代青年树立健康的人生观、世界观以及培养高尚的时代使命感起到积极的推动作用"。①

2. 传播内容与形式的多样性衍变

社会生活节目囊括的内容极其丰富,诸如文化旅游、科学科技、生活时尚、健康养生、婚恋交友、职场财经、道德法制、教育教学等内容,也包括气象、交通、购物、金融、导视等具体的信息服务。这些内容构成了数量庞大的社会生活节目群,而类型节目的规模化发展形成了专业频道,如科教频道、生活频道、社会与法频道、少儿频道、财经频道,以及更为窄众化的旅游频道、美食频道、汽车频道、母婴频道等。类型及频道的细分使得社会生活节目的覆盖面越来越广,可挖掘的亮点越来越多,创作角度越来越多元,专业性也越来越突出。

21世纪第一个十年,人们逐渐加深对自身文化的再理解、对传统文化的再认同以及对民族文化的再崇拜。弘扬民族传统文化的节目日渐繁多,形式也越来越灵活多变。社会生活节目也呈现出前所未有的丰富多样:从节目形式看,以专题片为主,也有杂志化的;从表现形式看,有专题片加主持串联、访谈、竞赛等经典形式,更有融合综艺元素、真人秀的新形式。社会生活节目利用自身优势逐渐将多种节目形态融合在一起,运用更为丰富的创作手段、传播手段,构建更为灵活多样的形式,使节目更加适应观众多样化的需求。比如,社会生活节目引入新闻性的叙事手法和综艺节目的娱乐元素,使节目兼具教育性、实用性、现实性、时效性、娱乐性,从而获得更好的传播效果。社会生活节目采用新闻样式的专题片,其核心目的不在于"报道"发生了什么事情,而在于用新闻的眼光去发现有效的"服务点",从而及时地告诉观众怎样处理问题,这也正是用新闻手法拍摄社会生活节目与新闻节目的最根本的区别;而引入综艺元素,则是在新语境下对"寓教于乐"精神的实践,这样更有利于视听化呈现,从而加强节目的号召力与感染力,进而更为

---

① 《助跑80后》开播 冯仑孟非打头阵[EB/OL]. (2012-03-28) [2018-01-12]. https://yule.sohu.com/20120328/n339146347.shtml.

有效地开展知识性、服务性、审美性的内容传播。

新闻性元素的大量引入,不仅增强了内容的时效性,还提升了收视的迫切性。社会生活节目将现实生活情景融入节目,对新近发生的事、新的现象做及时的分析解读,提炼出可以向大众普及、并提供具体服务的内容,从而提出适宜的应对和解决建议,以增加节目的收视率。北京电视台2013年推出的日播节目《直通科考站》(图1-47)是当时"国内唯一一档新闻属性的大型科学类节目",该节目的定位是"新闻起点、实效落点、实证特点"。在节目中,主持人会先引出新近发生的重大科技事件,最新科技成果,可以运用科学视角进行

图 1-47 《直通科考站》

解读的政治、经济、社会、生态、民生类新闻事件、热点话题,然后和专家一起分析,辅以记者的体验、实验和测试等科学方法加以验证,最终给观众呈现科学的解释和具体的服务提示。

一部分直播型社会生活节目转变为录播。例如中央电视台于1996年推出的全国首个健康养生类直播节目《健康之路》,该节目每期围绕一个有关卫生与健康的主题,邀请国内一流的医学专家到演播室,在直播中回答观众的问题。演播室专门设有热线电话,由主治医师以上的专家接听,每一个咨询者的问题都能得到答复。2011年1月1日《健康之路》改为录播,节目形式也发生了变化,并进行了一定程度上的娱乐包装。中央电视台国内第一档大型法律服务互动类直播节目《热线12》(图1-48)(2011年4月开播)内容涵盖法律服务、

图 1-48 《热线 12》

图1-49 《夜线》

法律援助、慈善帮助、社会救助领域,12条全国公益服务热线齐聚演播室,并邀请百名全国知名律师、公益领域的精英人士实时在线提供帮助。但遗憾的是,不到两年节目便改版为录播,节目形式也回归常规的主持人串联加专题片加演播室谈话。中央电视台的情感故事类互动节目《夜线》(图1-49)(2011年4月开播)也是开播时是直播形式,后改为录播播出。

3.传播功能的娱乐趋向衍变

大众传播媒介具备多重功能:第一种功能是"向受众连续不断地传播大量的信息";第二种功能是作为"一种引导受众的有力工具";第三种功能是"通过传播文化知识、科学技术等内容,不但保存和发展了文化遗产,也促进了个人的社会化进程";第四种功能"是大众文化的主要塑造者和传播者……满足着人们在审美和娱乐方面的各种需求"[①]。社会生活节目的传播功能顺应时代要求,从以宣传教育为标识,过渡到以引领服务为标识,在一如既往地承继维护根本性的、优秀的文化传统的同时,发展建构更新的、更为先进的文化体系。在传播宗旨上,社会生活节目逐步把"教育"宗旨作为更深层次的精神支撑,而让自身的服务功能、娱乐功能在表层凸显。"一方面,它们并不排除深刻的思想和高深的立意,它们往往蕴涵着深刻的人生哲理;另一方面,它们又都具有通俗化的特征,都有着对'娱乐性'自觉的追求,并力图通过趣味性来影响观众。"[②]

进入新世纪,新闻元素与娱乐元素的增添使得传播功能向娱乐性转变

---

① 胡正荣,张磊,段鹏.传播学总论[M].北京:清华大学出版社,2008:115,116.
② 彭文祥,钟丽茜.论社教类电视节目的制作理念和美学追求[J].浙江传媒学院学报,2007(2):14.

的主张得以延续、彰显,甚至在某些方面被过度放大。当下的社会生活节目有绚丽的舞台、复杂的道具、即时的话题、实时的互动,还有吸引眼球的"明星"嘉宾,角色化、功能化的情境表演,悬念迭起的环节回合,详尽展示的体验过程……观众在获得视听享受的同时还可以从心理上获得更多的认同感,正如张颂教授所言:"艺术地灌输,有限地满足。"

大众传媒必定具备大众文化的特征,即娱乐性和消费性。内容为王是硬道理,但注重形式的发展也乃大势所趋。一方面,社会生活节目的内容虽然较为丰富,但冗余内容也不少;另一方面,新时期语境下,受众对电视节目娱乐功能的需求大大增加,在信息渠道极大拓展的现实面前,他们更需要赏心悦目、怡情怡心的节目。中央电视台2010年12月首播的节目《原来如此》(图1-50、图1-51)将演播室设在一个类似旧式工厂的厂房里,各种可以用于科学实验的工具、器材散落一地,主持人着装轻便,且每次出镜的道具场景均随环节设置而变化;外景实验的拍摄地更是真实环境,有江水、沼泽、雪地等,充分体现了科技类节目真实性、科学性、趣味性的特点。中央电视台的《撒贝宁时间》(2016年4月开播)将虚拟演播室串联、专题片、情景再现演绎、主持人模拟体验等多种形式有机融合,给法制节目注入了新的活力,使节目更具可

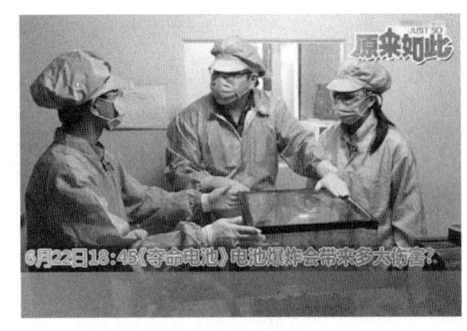

图 1-50 《原来如此》

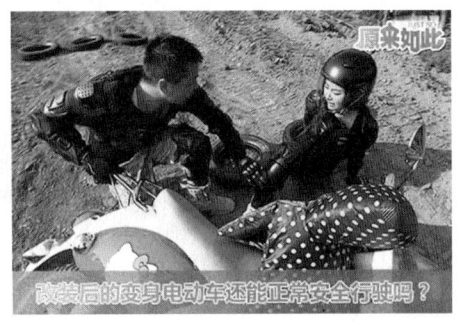

图 1-51 《原来如此》

视性、感染力和威慑力。河北卫视2009年10月开播的《家政女皇》(图1-52、图1-53)用综艺娱乐节目的形式包装生活服务类节目,在轻松愉悦的氛围中

与受众分享生活中常见问题的解决方法或小窍门。节目除了在演播室有常规体验演示制作的部分,还有真人秀或情景剧表演,形式多元,将实用性、服务性寓于娱乐性之中。

图1-52 《家政女皇》

图1-53 《家政女皇》

图1-54 《流言终结者》(*Mythbusters*)

除了在节目自身的内容和形式上做出改变,"西学东渐"亦是社会生活节目创新的思路之一,即引进国外电视媒体成熟的节目形式,在导向及内容等方面进行适合国情的本土化改造,向观众提供新型的娱乐大餐。诸如:央视《原来如此》的创意来自美国Discovery频道的《流言终结者》(*Mythbusters*)(图1-54),湖南卫视的《好好生活》(图1-55)(2011年3月开播)借鉴了日本综艺节目《超省时生活》(图1-56、图1-57),江苏卫视的《一站到底》(2012年3月开播)改编自美国NBC的《一站到底》(*Who's Still Standing*),湖南卫视的《我们约会吧》(2009年12月开播)翻版自英国独立电视台的《带我走吧》(*Take Me Out*)(图1-58),湖北卫视的《我爱我的祖国》(2015年9月开播)版权购自荷兰塔帕传媒集团等。

图1-55 《好好生活》

图1-56 《超省时生活》

图1-57 《超省时生活》

图1-58 《带我走吧》(*Take Me Out*)

社会生活节目的创新一方面来自不断发现、挖掘与时俱进的节目内容，另一方面来自形式的进一步更新和整体包装的思路转变。刘昶等学者认为："将节目的形式创新同大众文化心理与传统文化相结合，寻找出一条既符合电视本性，又符合大众观赏习惯的节目策划之路，才是所有中国的电视人需要不懈努力的方向"[①]。未来的社会生活节目需要切中时代的脉搏，体会受众的心理需求，在节目形式的丰富性和节目包装的娱乐性上进一步突破。

4. 传播技术与手段的融合性衍变

20世纪，电视技术实现了一次又一次质的飞跃。20世纪90年代以来，

---

① 刘昶，甘露，黄慰汕. 欧洲优秀电视节目模式解析[M]. 北京：中国广播电视出版社，2010：242.

数字技术和网络技术的大范围使用,"从根本上改变了电视的传输介质和传播逻辑,又一次成为电视技术发展史上的重要里程碑,从而也推动了全球范围内具有系统变迁性质的'媒介融合'进程"①。马歇尔·麦克卢汉认为:"所有的媒介,从音标到计算机,都是人体的延伸,都对人造成了深刻持久的变化,并且改变了他的环境。"②全方位地利用先进的传播技术手段,积极融入新媒体,力求多元化呈现,使社会生活节目的时效性、感染力得到大幅度提升。

图1-59 《红绿灯》

20世纪90年代以来,很多社会生活节目加入直播元素,有的节目带着转播车出外景,这大大增强了节目的时效性与感染力。如北京电视台的《红绿灯》(图1-59)(1997年7月开播),旨在服务人们的交通出行。演播室内,主持人以真实的路况监控器为背景,在直播的过程中,主持人既可以解说实时路况,又能够借助监控器录像资料为观众提供必要的交通信息服务。这既让观众得到了具体而实在的帮助,又使节目获得更高的信赖度,同时也增强了节目的可视性。

21世纪网络技术的普及程度越来越高,社会生活节目除了借助热线电话、短信这些传统的沟通方式与受众交流,还会更多地利用网络平台形成更为广泛、及时的互动。越来越多社会生活节目在播出前的预热阶段和播出过程中对"微传播"方式加以运用。"微传播"广义是指以微博客、手机短信、彩信、飞信、QQ、MSN、户外显示屏、出租车呼叫台等为媒介的信息传播方式。狭义是指以微博客为媒介的信息传播方式。以微博客为媒介的微传

---

① 胡正荣,朱虹. 外国电视名牌栏目[M]. 北京:红旗出版社,2011:4.
② 罗杰斯. 传播学史[M]. 殷晓蓉,译. 上海:上海译文出版社,2005.

播,是去中心化的裂变式多级传播模式,传播碎片化信息,借以实现自我表达、交往需求与社会认知。作为一种全新的传播方式,微传播集合了自我传播、人际传播、组织传播、大众传播的特点,在去中心化和反权威精神的基础上融入个人性、即时性、互动性,将微博打造成信息交流的平台。比如央视的《夜线》栏目是日播形式,播出当日,其官方微博会进行当期节目话题的预热宣传,并热情邀请博友们留言。待到晚上直播进行时,主持人会在每个话题节点与观众和博友进行实时互动,并对话题进行再拓展。再如,央视国际频道的《远方的家》(图1-60)(2010年12月开播)推出了"全媒体互动"概念,"充分利用视频网站、手机微博、社交网站,超前于电视披露旅行体验者的旅途感知,使受众观点即兴轻松地表达……通过博客和网络视频进行话题征集,不断根据网友跟帖留言等提供的反馈和线索进行改进"[①],以此强化受众的参与度与关注度。

远方的家

图1-60 《远方的家》

二、社会生活节目主持功能及方式的多元化

社会生活节目主持人在节目中的作用显著,无论是驾驭节目进程还是把握情绪、控制节奏等,其在节目中所承担的任务会相对集中。社会生活节目的主持人设置相对固定,而且人数规模一般很小,通常一到两人为核心主持,这使得节目和主持人之间的黏合度会更高,节目的人格化会体现得更为明显。我们回顾一下中央电视台综合频道在2013年重磅推出的"晚间主持人时间带",这个意欲打造以主持人为核心的节目时段,选取的节目恰恰都

---

① 冷淞.中国电视对外传播软实力的生动体现:央视中文国际频道《远方的家》节目解析[J].现代视听,2011(7):40.

社会生活节目主持艺术

是社会生活节目,包括《天下收藏》《开讲啦》《寻宝》等,这正是利用社会生活节目及其主持的人格化特点,以期提高此时段的收视率。

社会生活节目在新世纪第一个十年前后已经形成较为丰富的主持方式,包括串联、演示讲解、访谈、规则执行或环节推进、体验式(外景)主持、功能性演绎等,这对主持人的业务素养提出了更高要求,需要主持人尽可能多地掌握各种主持方式。

好好生活

这个阶段,社会生活节目中"跨界"主持人的数量呈上升趋势。比如,湖南卫视《好好生活》(2011年3月开播)中的美食家、美食专栏撰稿人文怡(图1-61),广西卫视《收藏马未都》(2010年5月开播)中的收藏家马未都(图1-62)等,他们本身是相关领域的专家或知名人士,在节目中担任主持人或嘉宾。

社会生活节目主持人的"功能化"主持是一个突出的特点。"功能化"的含义有两层:

图1-61 文怡

一层是指主持人在节目之外另有其他身份,并且利用这个身份进行节目主持,"跨界"主持人大都同时承担"功能化"主持的任务,如余秋雨以文学家身份游走世界、进行文化解读,马未都以收藏家身份和观众一起鉴

图1-62 马未都

宝,乐嘉以性格色彩研究者的身份承担场边心理分析师或事件评论员的角色;另一层是指主持人在节目中承担更为丰富的职能,即一方面依旧驾驭节目进

程,另一方面发挥一些实际功能或担任体验者:有的节目会为这样"多功能"的主持人特别拟定一个专有称谓,比如央视《佳片有约》(1998年9月开播)中的"推荐人"(图1-63),央视《健康之路》

图1-63 《佳片有约》"推荐人"

(1996年开播)中的"医学博士"(图1-64),北京电视台《档案》(2009年2月开播)中的"讲述人"(图1-65),湖南卫视《好好生活》中的"好好生活家"等;有的节目中主持人通过情景演绎串联节目,如《电影传奇》(图1-66)(2004年4月开播)中的崔永元、《快乐生活一点通》(图1-67)(2004年1月开播)中的王芳等。

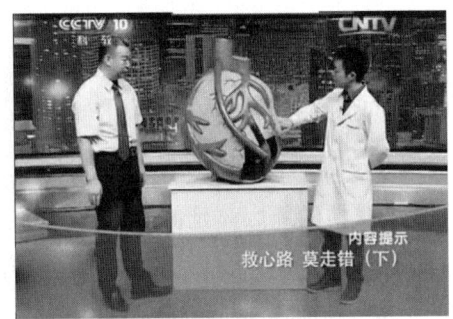

图1-64 《健康之路》"医学博士"

图1-65 《档案》"讲述人"

图1-66 崔永元

图1-67 王芳(前二)

进入 21 世纪,社会生活节目主持人的队伍以前所未有的速度壮大,这似乎只是"表面繁荣",因为其数量可观而质量堪忧。同时,现实存在着诸多矛盾:对颜值的特别关注影响对内涵的严格要求,年龄门槛的走低带来阅历的匮乏,只见个性的张扬而鲜有风格的塑造,高学历、高学位并未对应良好的专业素质、职业素养等。社会生活节目的内容专业化、形式多样化、对象分众化等特点需要主持人具备该领域的专业知识,能胜任各种节目形式,高度符合目标收视群体的情感及理性需求,这样的主持人才真正能够在新语境下的社会生活节目中与受众对话。

第五节　垂直内容融媒传播与有声语言多元创新

2016 年由于网络直播平台的迅速增多而被称为"直播元年",短视频内容创作进入井喷期,网络技术和数字技术使新媒体可以和传统媒体分庭抗礼。这个时期,微信公众号在新媒体传播和传统媒体的新媒体延伸领域被广泛运用。21 世纪第二个十年中期,传媒领域如火如荼地进行着一系列重大调整,在这个过程中诞生的"融媒传播""中央厨房""四屏时代"等一众新概念成为新时期传媒的标志性热词。新媒体传播的成熟发展为垂直内容生产提供了充裕的成长空间,同时促使一批新媒体主播诞生和传统媒体主持人转型。

一、垂直内容融媒传播

1. 融媒是当下有声语言创作最典型的语境

先说一个传统媒体与新媒体融合传播的例子:中央电视台的《欢乐中国人》(图 1-68)(2017 年 1 月开播)第二季,在讲述典型中国故事的同时,将每个故事的专属二维码直接嵌入节目画面,便于观众在线自由选择并随时收看,更有利于故事及节目的后续传播,而传播力度之大、速度之快可想而知。

可以说,"收视率"的统计早已不仅仅局限于电视机这一种终端,新媒体平台产生的"流量"也已经成为另一个重要的数据来源。

融媒体充分利用媒介载体,把广播、电视、报纸等既有共同点,又存在互补性的不同的媒体,在人力、内容、宣传等方面进行全面整

图1-68 《欢乐中国人》

合,实现"资源通融、内容兼容、宣传互融、利益共融"的新型媒体。所谓"媒"就是媒介。如果按照时间顺序将我们现在已有的媒介进行排列,首先出现的是报刊,我们称之为平面媒体,其构成元素就是文字和图片;随后是广播,即用声音进行传播,这个声音包括人声、音乐、音响等;接下来出现的是电视,它是图像和声音的结合。这些都是传统媒体。接下来出现的就是"新媒体",也被称为"第四媒体""第四势力",它是因互联网技术、数字技术的发展而壮大起来的。在新媒体呈现的内容当中,我们会读到平面的图文,听到广播里的音频,看到电视里的视频。所谓"融",是指将所有媒介元素进行有机整合,将所有的资源按照最有利于内容生产的方式,进行各种元素的配比,从而达到预期的传播目的,实现更高的传播理念。"融媒",可以被看作一个生态系统。新媒体中有传统媒体的丰富资源,传统媒体可以借力新媒体这一新的平台和新的呈现方式。在这个生态系统里,传统媒体和新媒体不是此消彼长,而是取长补短,互融互通,合理优化配置。

在打通传播的壁垒后,融媒的资源该用什么来接收呢?这就要说到关于"终端"的话题。我们生活在一个多终端环绕的时代,目前最常接触的,也是融媒生态链中最有活力的终端,包括电视、电脑、手机、Pad等。有一个概念可以形容我们这个时代的传播特点,那就是"四屏时代",也称作"多屏时代"。这个时代是"以多屏信息化来满足人机交互的需求而形成的,无论手机、电脑、Pad、电视、腕表等,这些终端形成信息的互通共享,多屏时代实现

了信息的全面化。"虽然这些终端在硬件上是独立的个体,但是其软件上是密切联系、相互交错的。"四屏传播"最大的特点,也是最终诉求就是四屏都"为您服务":一个用户,在四块屏幕、四个终端上,在同一个使用场景下享受到的服务是一致的,也就是内容通过不同终端集成到一个用户身上,为其量身打造,私人订制。那么在这样的传播方式下,就会有更加精准的定向内容投放到用户面前。例如,当你在手机上观看某个美食节目,追到第十分钟的时候停止收看,然后下一次打开 Pad 上的这个 App,用同一个账号登录后,它会提供给你在手机上看到的同样的内容进度。更为人性化的服务是,通过大数据分析,在接下来一段时间内,近似内容会被首推给你,即使你可能已不需要这类信息。可以说,如今你的媒体主页是你选择的结果,在这个讲求个性、追求效率、直奔主题的时代,这样的个性服务应景、顺意。

融合传播意味着创作资源和各种元素不可能"单打独斗""各自为营",而需要一个能够整合优质食材、集合顶级厨师、烹饪出精良美食的大型"中央厨房"合理调配资源。我国媒体融合的发展已经进入一个深水区,而传媒"中央厨房"已经成为最热的一个关键词,成为媒体融合的"标配"或"龙头工程"。传媒业界对"中央厨房"的实践方式不尽相同,但有一个基本的共识就是"新旧融合,一次采集,多种生成,多元发布,全天滚动,多元覆盖"。《人民日报》在 2015 年实行传媒中央厨房,这次实践被称为媒体融合的"样板间",而 2018 年中央三台合并成立中央广播电视总台,同时实施"台网并重、先网后台"的移动优先策略,就是一个整合所有优质资源进行合理配置、统一制作传播内容的有效举措。2018 年夏季,"中央对推进县级融媒体中心建设进行了部署,这是新阶段深化文化体制改革的重大举措,也意味着推进媒体融合工作重点从省以上媒体延伸到基层媒体、从主干媒体拓展到支系媒体,支系媒体的改革将促进国家媒体体系的全盘激活"①。2019 年 1 月 25 日,习近平总书记在主持中央政治局第十二次集体学习时明确提出媒体融合发展要

---

① 重磅!中央深改委审议通过《关于加强县级融媒体中心建设的意见》.[EB/OL].(2018-11-15)[2019-01-12]. https://www.sohu.com/a/275509781_488920.

向纵深推进的重大要求,足见这个课题的重要性和紧迫性。

2. 社会生活节目设置"垂直"路径

21世纪第二个十年,微博、微信、短视频平台等新媒体成为主流的社交工具,其信息传播的功能也变得愈加重要。人们同时享用新旧媒介,对信息接收质量的要求越来越高,也越来越具有差异性。"受众之所以形成,是因为他们被不同的内容所吸引。我们根据分类精细的个人偏好做出选择,即使难以言传。"[①]正如马斯洛著名的"需要层次理论"所说,越是下层的需求越具备相近性,越到上层的需求越带有独特性。

在当今媒介融合的新语境下,社会生活节目内容的创作又有了新的特征:

(1)对象性。对象性意为定位精准。传统意义上的"对象性"是指具体设想对象的质和量,而且越具体越好。当下,由大众传播到分众传播再到窄众传播,对象的设定越来越细致入微,尤其是新媒体的"垂直内容"传播,更加讲求对象一定要"对位"。当前社会生活节目内容的创作非常强调"垂直",即"点对点",关注用户"一对一"的感受。能够成功地留住用户的内容创作平台都被认为是有鲜明针对性和直接传播效果的。

(2)专业性。专业性是垂直内容创作的重要特点。因为对象足够具体,所以创作者在策划组织内容的时候,就要展现出较之以往更突出的专业性。越专业越精彩,越专业越能够稳住粉丝群体。

(3)独特性。融媒传播生态下,新媒体垂直内容一定要有鲜明独特的个性才能生存下去,才会有高黏度的用户量。这个"独特"包括独家的信息、独家的角度,更重要的是独特的表达方式,尤其在有声语言的创作方面。

(4)服务性。一方面是提供精神产品的服务功能的发挥;另一方面,很多新媒体、传统媒体的新媒体拓展部门开设"微店",提供线上线下产品,包括付费课程、书籍和节目相关的生活用品、药品、旅游产品等。

---

① 麦奎尔.受众分析.刘燕南,李颖,杨振荣,译,北京:中国人民大学出版社,2004:99.

(5)融合性。融媒生态下的社会生活节目内容生产由多种媒介共同完成,节目内容可以在传统媒体和新媒体之间交互传播。融合指的是将节目内容进行有机配置、整合,绝非把传统媒体的节目不加修改地移植到新媒体,只有对媒介特点、受众特点进行辩证地、详尽地考量和分析利用,才会收获理想的传播效果。

所以,社会生活节目的对象划分将会越来越具体,在内容或专业领域的设置上也更加细致、更有针对性。我们在微信公众号、短视频平台等新媒体平台上能看到以往在传统媒体中难得一见的专业内容,并且这些内容正在成长为专业性、系统性极强的专栏节目,以此来满足人们"获得维持心理平衡和生存需要信息"①的愿望,吸引黏合度更高的粉丝群。如果按照常规的分类方法进行分类,那么旅游文化、美食餐饮、健康养生、幼儿早教等内容也将包括其中,但是这样传统的归类方式远远不能囊括和更为合理地描述如此纷繁复杂的内容。这些内容之所以被称为"垂直内容",是因为其更加细化,能让受众产生一种"点到点"的直接感,令用户感觉这是为"我"而做,内容创作者是为"我"个人服务。这个"我"是用户社会角色、生活方式、思想观念的某一个侧面。受新媒体传播倒逼,"垂直内容"直接影响到传统媒体社会生活节目的创作理念。

面对新媒体传播的有力竞争,传统媒体中的社会生活节目充分利用自身优质资源,在延续一些"老字号"的同时,陆续创造出新的口碑之作,如中央电视台的《国家宝藏》(图 1-69)(2017 年 12 月开播)、《朗读者》(图 1-70)(2017 年 12 月开播)、《等着我》(图 1-71)

图 1-69 《国家宝藏》

---

① 陈力丹. 舆论学:舆论导向研究. 北京:中国广播电视出版社,1999:190.

(2014年4月开播)、《机智过人》(图1-72)(2017年8月开播)、《欢乐中国人》(2017年1月开播)等,又如地方电视台的《我是大医生》(图1-73)(2013年10月开播)、《儿行千里》(图1-74)(2017年8月开播)、《少年国学派》(图1-75)(2018年12月开播)。此外,新媒体中的社会生活节目内容生产也精彩纷呈,涌现出了网络自制节目《我和我的祖国》(图1-76)、《非正式会谈》(图1-77)、《令人心动的offer》等。

图1-70 《朗读者》

图1-71 《等着我》

令人心动的offer

图1-72 《机智过人》

图1-73 《我是大医生》

图1-74 《儿行千里》

图1-75 《少年国学派》

图1-76 《我和我的祖国》　　　　图1-77 《非正式会谈》

二、有声语言创作多元融合创新

融媒语境空间的拓展不仅使社会生活节目主持具有更为丰富的内涵和外延,也为主持人带来更加广阔的创作空间。这种创作已经突破原有的媒介界限、分工布局、内容设置、形式架构,体现出更为兼容并蓄、融通协作的态势,而又秉持统一不变的核心,即有声语言的呈现。所以在当下的融媒语境中,用"有声语言创作"来界定、描述这一传播行为更为恰当,也更具包容性。

有声语言创作者在传统媒体和新媒体平台间穿行,传统媒体节目主持人运用公众号、短视频、Vlog等新媒体方式打造自身的传播形象,贴近年轻受众;新媒体原生主播提升文化水平,加强导向意识,提高传播规格。双方都在利用媒介的不同特点和优势进行创作,不断创新。

1. 困境突围与顺势而生

传统媒体主持人困境突围。有些传统媒体中的社会生活节目主持人出现思维模式化,技术单一化,语言表达不能匹配受众日新月异的变化,而欠缺贴近性、精准性等问题。于是一部分自我要求较高的主持人勇敢冲出了"舒适圈",创新思维方式,丰富技术能力,拓展新媒体业务,其中有些人彻底转型为新媒体有声语言创作者。

新媒体原生主播顺势而生。融媒生态语境下,新媒体垂直内容的生产逐渐成为受众对社会生活节目细分化需求的出口,这也催生了大量的新媒体原生主播的创作。他们借助微信公众号、喜马拉雅FM、直播平台、短视频平台等,生产目标定位更精准、专业性更强、服务性更突出、个性化更为彰显的社会生活节目。

2. 技术进步与思维创新

主持人需了解和掌握融媒技术。社会生活节目题材广泛而专业,形式灵活而丰富,融媒环境下又有新的发展,所以需要其主持人拓展更为多元的业务能力:了解新技术,掌握新技能,丰富自身的传播手段,打造个人的"中央厨房"。越来越多的社会生活节目主持人及垂直内容有声语言创作者,为了适应全媒体传播的需要,集多种能力于一身:内容策划统筹,文字图片编辑,音视频录制拍摄、剪辑包装,甚至营销宣传等。

主持人还应拥有融媒思维。技术能够解决的问题就不是"问题",融媒传播的难点在于思维方式的调整,核心在于"融"。大屏换成小屏,不仅仅是画面面积的缩小,更是受众群体的精准化与题材领域的专业化。社会生活节目主持人正在进行这项重要工作:解构既有的语言体系,然后重新建构;改变原有的创作思维方式,重新建立一套融媒思维体系。从创作源头上进行改变,掌握新的语法,适应新的规则,用新的思维方式去指导有声语言创作,用新的传播意识整合技术手段进行内容生产。

有声语言创作的多元融合创新虽然过程曲折,但目标明晰,方向明确。当下融媒作品的生产尚处于初级阶段,精品较为匮乏。优质作品乃至优质IP的诞生,需要有声语言创作者提升融媒传播素养,拓展融合传播手段,同时认真践行媒体工作者的"四力"要求。正如习近平总书记在2018年全国宣传思想工作会议上明确要求的,"要不断掌握新知识、熟悉新领域、开拓新视野,增强本领能力,加强调查研究,不断增强脚力、眼力、脑力、笔力",创作出有思想、有温度、有品质的具有时代风范的好作品。

第二章　社会生活节目主持创作特点

主持人"是贯穿节目的最直接可靠的主线,是节目风格的象征,节目思想和观念的体现者,所有节目线索的牵引者,节目场面的组织者、调动者甚至指挥者",①这些表述都说明主持人在节目中应该是话语权的掌控者。节目内容的导向、价值观的导向以及文化的导向,最终都由主持人的有声语言创作来实现。

第一节　社会生活节目主持人的传媒角色

主持人的传媒角色是一种特殊的社会角色,受媒体意志、节目特点、受众需求等多方面的制约。社会生活节目主持人既承担着和其他类型节目主持人共同的传媒角色,亦有着自身独特的职责要求。在中国传媒大学"十二五"规划教材《电视节目播音主持》关于社会生活节目主持人的媒介角色的探讨中,本人作为主创曾提出"文化传播者""群言主导者""倾心聆听者""生活体验者""知识分享者""热忱服务者"等角色,并做简要阐释。本章将在此基础上结合融媒传播的新语境,着重解读社会生活节目主持人需承担的特

---

① 吴郁.电视节目主持人的综合素质研究[M].北京:中国广播电视出版社,2007:3.

殊角色,并做详尽阐释。

一、社会与生活的前沿体验者

身体力行,亲历过程,这是社会生活节目主持人传媒角色的标志性特征。

社会生活节目真实记录生活、反映生活、影响生活,主持人只有贴近实际、贴近生活,才能符合节目的需求,并创作出富有感染力的作品。

社会生活节目主持人需要有丰富的生活阅历和深刻的生活感悟。主持人生活积淀越丰厚,与受众的思想契合程度越高,其传播效果越佳,可产生的文化影响力也就越大。社会生活节目主持人需要擅长感觉、感知,能够悟物、悟理,以强烈的求知欲和好奇心随时随地发现生活中看似平常实则充满新意的细节,他必须"是一个真的快乐的人,是一个肯花心思、动脑筋思考生活中细节的人"。社会生活节目主持人需要更加接地气,更多地观察生活、体验生活,更多地与受众交流生活感悟、分享生活经验,才能在节目中起到具体的引领作用,才能真正从受众角度出发去发掘问题、理解问题并提出解决之道。和蔼可亲、真诚朴实,对受众以礼相待、以诚相待,有学识、有涵养,这样的主持人才能成为受众的知心朋友。

社会生活节目主持人需要融入生活,引领生活。主持人可以成为"每一个人",能够用心感受和体会每一种生活方式。主持人也是生活中的佼佼者,是创造生活、分享生活的领军人。人们更愿意与思想比自己先进、人生经历比自己丰富、生活态度比自己乐观的人交流,以获得自身欠缺的或无法亲历的生活经验、生活感受,从而丰富自己的精神世界。

社会生活节目主持人需要在现场,在路上。"问渠哪得清如许,为有源头活水来",动态的才是鲜活的,才有生命力。主持人应当真实地"存在"于生活中,亲身体验生活,永远在"进行"中,才能够在有感而发的基础上,使自己的语言表达有的放矢、有声有色。

主持人的年龄与社会阅历应当与节目内容和风格相适应。无论是科技类还是生活服务类节目,无论是婚恋交友类还是情感故事类节目,都需要阅历丰富、气质成熟的主持人。试想,没有一定的阅历积淀,又怎能充分地理解、诠释生活的深刻含义呢?社会生活节目主持人会愈来愈趋向成熟化。成熟,意味着有人生的历练,有生命的感悟。作为节目进程的驾驭者、节目风格的树立者、节目品位的把关人,要在节目中融进更为丰富的体悟,从而提高节目的品质和文化品位。而相对年轻的主持人,则更适宜担当主持"助理"的角色,协助调动现场氛围、出外景采集素材、做信息整理发布或进行辅助实验等。边学习边积累经验,边实践边积淀人生,对年轻主持人的成长来说也是非常有益的。

二、话筒前的"纵横家"

具备话语平衡能力,应对"共同传播者"的挑战,这是社会生活节目主持人传媒角色的关键性特征。

主持人是节目信息的整合者,是议程设置的最终执行人,组织、调动、控制现场各工种、各环节、各元素。"在文化传播的空间里,建立在一定权威性基础之上的握有支配力的主持人,往往能够起到引导舆论、控制舆论的作用,进而影响社会的价值观。"①

社会生活节目"擅长"与人对话,其表现就是邀请各个领域、各种社会角色的人士做嘉宾,可谓"群贤毕至,少长咸集",而且"培养"出了不少"明星嘉宾"。专家学者历来是社会生活节目的座上宾,而在新语境下,节目中嘉宾的身份越来越多样,从专业人士到普通百姓都有可能参与其中。尤其像健康养生类、心理情感类、职场财经类、婚恋交友类节目,其嘉宾身份更是丰富多样。嘉宾们多方位、深层次地参与节目,也让他们的话语权空前扩张。当前很多节目在聘请嘉宾时会在节目需要的前提下倾向于挑选更具"看点"的人士——懂得"电视语言""网络语言",知道说什么话、怎样说能够引发受众

---

① 曾志华.中国电视节目主持人文化影响力研究[M].北京:北京大学出版社,2009:95.

的兴趣,积极配合主持人调动现场气氛,这往往成为节目的一个收视期待。但一些节目过度追求娱乐,轻视了社会生活节目的本质,使得某些明星嘉宾有时会信口开河或口无遮拦,给节目甚至社会造成负面影响,这在情感故事类、相亲交友类、职场财经类节目中屡见不鲜。可见,嘉宾们在节目中的言论会给主持人话语平衡能力带来挑战。如果说社会生活节目主持人的"传播"职责是基本的,"桥梁"作用是一贯具备的,那么这个"平衡"功能则是与时俱进发展而来的。

在融媒语境下,传播对象深度参与大众文化产品的创作生产,"受者本位"的时代已经到来。面对新语境,主持人作为传播者需要相应地调整和丰富自身的传播功能。主持人有时候成为他人生活的分享者,有时候甚至可以是改变者、引导者。一些嘉宾可能会受到节目及主持人言行的影响,如为创业引来投资、情感矛盾获得调解、个人形象得到改变等。这个时候,主持人的作用就不可能单纯地局限在串联或引导节目进程上,其视野要更宽广,思想要更深刻,言行要更严谨。

事实上,嘉宾在节目的传播活动中已被纳入传播者的队伍,其作为与主持人共同完成节目的合作者,是影响节目质量的重要因素。面对这种语境,主持人要充分使用自己作为传播者、把关人的话语权,不仅需要做好嘉宾与受众之间的桥梁,还需要承担大量对当事人沟通调解的工作。主持人要做到"以仁心听,以学心听,以公心辩",并通过调解、引导来维护主流价值观,平衡各方利益,营造和谐氛围。

三、依托大众媒介的文化传播者

注重人文精神的担当,引导民族文化的认同,这是社会生活节目主持人传媒角色的核心特征。

"知识传播中的科学精神、人文精神,服务中的道德评价、理想导向都蕴含着人类普遍的生存价值和精神理念。"①社会生活节目主持人要赋予节目文化的力量。"文化的终极目标是人类精神素质与精神品位的提升。"②传播文化与提高全民审美水平应该是社会生活节目主持人最高层次的追求。社会生活节目主持人当以传播文化为立业之本,具备深厚的人文涵养和文化积淀,具备"俯仰天地的境界、悲天悯人的情怀和大彻大悟的智慧人格"③。

主持人高尚的人格和优秀的个人素养不仅是其亲和力最集中的体现,也是其艺术生命力生生不息的最根本原因。社会生活节目往往被认为平凡简单、通俗浅显,因此其主持人的素养标准也常常被"降格"。然而,恰恰由于社会生活节目贴近性强,受众热切希望并且相信能从节目中获得精神与实践上的服务与引导,往往会不"设防"地去接受主持人传递的信息。因此社会生活节目主持人不仅要有健全的世界观、人生观、价值观,有良好的道德修养、正确的政治意识、优秀的业务素质,还要具备节目所需的特殊品质与能力。社会生活节目主持人必须是正义的、明辨是非的人,是善解人意、善待他人、热爱生活、敬业乐群的人。所谓"言为心声",外在的语言表达技巧需要与内在的人文素养相结合,如果心口不一,纵使表达技巧再高超,也只会是虚像,时间会验证一切。

天体化学与地球化学家欧阳自远做客中央电视台《文化之旅》栏目时谈到科学需要人文精神:"现在很多探月科普讲座内容很实在,却缺乏一种精神——人文精神,缺乏一种历史的责任感。"因此,欧阳先生带领中国科学院探月工程应用系统总体部组织编写了《说月》这本书,书中包括月球的民间传说与典故、月亮的别名、华夏中秋赏月胜地、先秦至现代与月亮有关的诗词等内容。他认为科学不是冷冰冰的,具有人文气息的科学才是鲜活的、有生命力的,才能让更多人去理解、去接受。这对我们很有启发:主持人需时刻牢记,语言不仅是大众传播的工具,还是文化的载体,"是观念形态的音声

---

① 罗莉.实用播音教程第 4 册:电视播音与主持[M].北京:北京广播学院出版社,2001:238.
② 曾志华.中国电视节目主持人文化影响力研究[M].北京:北京大学出版社,2009:85.
③ 喻国明.新闻人才专业主义的"标准像":试谈传媒人力资源管理视野下人才辨别的标准[J].新闻实践,2003(3):6.

化,特别是人文精神的音声化"[①]。社会生活节目主持人需要努力提高自己的语言境界,使之具备"高屋建瓴的气势、高深莫测的积淀、高雅澄明的品格、通达心灵的威力","既有居住象牙之塔的灿烂,又有融入平民百姓的善良"[②]。主持语言所体现的人文精神的本质是人文关怀,是对人的价值的尊重和对人的命运的关注。

第二节　社会生活节目主持的语言特点

在大众传播范畴里,我们对主持人在节目中的功能是这样看待的:主持人是传媒制作活动的最后一环,是节目传播理念的最终呈现者;主持人代表节目,不仅决定传播活动的存在和发展,信息内容的质量、流量和流向,还决定对社会产生的作用和影响。

语言功力的强弱直接关系到社会生活节目主持人能否准确有效地传递内容,又关系到文化影响力的体现与形成。主持人的语言功力"包括运用语言所必需的功底,如语言积淀、语言素质、语言机制等,还需要运用语言所涵盖的能力,如观察力、辨析力、捕捉力、感受力、表现力、调控力等。"[③]作为有声语言创作主体,主持人必须具备深厚的语言功力。思维的拓展、能力的高低最终要通过语言来体现,语言表达可以反映思维的成果。这就需要主持人思维缜密且语言精到。

社会生活节目主持人主要采用讲解与谈话的话语样式。功力欠佳的主持人不善于把握"天时地利",过度强调日常口语化,在节目中出现"碎碎念"、话语"没营养"的状况,甚至在节目中不负责任地、缺乏根据地评判或武断下结论,使自己珍贵的话语权变得低效、无效甚至产生相反的效果。而对"日常口语的推崇,并非对语言的重视,因为把'日常口语'认作最好的语言,

---

[①②] 张颂.朗读美学[M].北京:北京广播学院出版社,2002:28.
[③] 张颂.广播电视语言艺术[M].北京:北京广播学院出版社,2001:21.

就会轻视语言功力,就会舍弃语言的学习和锤炼,就会把语言置于'不学而能'的层面上,有意无意地进入'口语至上'的牢笼。'口语至上',实质上还是对语言的轻视,不过是'重文轻语'的另一种表现而已。"①社会生活节目主持人要想确保话语权的有效使用,使传播达到理想效果,就必须将自己的语言锤炼为"汲取书面语的精粹口语""强调规范性的大众口语""讲究艺术性的宣传口语""个性的正式口语""应对得体的机智口语",体现出"思维的清晰、语感的准确、逻辑的钳力、艺术的魅力"②,使有声语言发挥出四两拨千斤的力量。

社会生活节目主持的语言创作讲求"内容通俗易懂、简洁明晰;态度真诚恳切、谦和亲切;表达平实质朴、生动灵活"③,以引领大众审美、传播主流文化为追求,有其自身显著的特点和优势:既有新闻语言的真实客观,又更为轻松灵活;既有综艺蓝本的艺术感觉,又更为朴实随意;既映照生活,又注重规范严谨;既常变常新,又坚持脚踏实地。

一、科学性与前沿性

科学性是社会生活节目主持语言的重要特点之一,这是由节目的专业性决定的。首先,主持语言要保证传播信息的真实性,保证所说确有其事,价值判断正确无误。这里,"真实"不是上限是底线,在"真"之上,还有对人的尊重和关怀。其次,主持语言要保证传播信息的准确性。社会生活节目涉及广阔的自然与人文领域,其主持人应秉承客观严谨的态度去传播各种知识,在节目中做好对专家学者言论的监督,确保其有一说一,不浮夸、不掩饰。

前沿性是新时期对社会生活节目主持语言提出的更高要求。过往经验表明,社会生活节目一旦成为"忘了时间的钟",就会降低受众的收视迫切程

---

① 张颂.播音语言通论[M].北京:北京广播学院出版社.
② 张颂.中国播音学[M].北京:北京广播学院出版社,1994:174.
③ 中国传媒大学播音主持艺术学院.电视节目播音主持[M].北京:中国传媒大学出版社,2015:143-146.

度而逐渐失去吸引力,继而被淘汰。"不真正把握时代精神的内涵,不真正感受时代氛围的活力,就不可能在播音语言中'击中时代的弦'"。[①] 社会在进步,时代在变化,经济在发展,社会生活节目的主持语言创作需把握时代脉搏,真正成为受众身边的人,真正体现他们所想、给予他们所需。社会生活节目主持人的语言创作应当引领时代潮流,"我们所需要的是一种高度发展的语言"[②],表现这个时代人们的生活观念、生活感受、生活变化,反映生活中的新潮流、新时尚、新消费,介绍新政策、新产品、新实践。

二、贴近性与实用性

与其他类型的节目相比,社会生活节目主持语言的贴近性与实用性更为突出。

一方面,社会生活节目的选材与人们的物质生活、精神生活密切相关,往往以小见大、见微知著,主持人切不可敷衍了事,必须弄清事情原委,真正对受众负责。尤其是那些平淡无奇、家长里短的事情,更应该认真谨慎对待,实实在在地为受众解决问题。

另一方面,社会生活节目主持语言贴近生活,又高于生活。从遣词造句到语气把握,再到表达方式的选择,主持人都要考虑到目标受众的习惯和愿望,在不降低传播格调的前提下,实现更为真切、具体的交流。

三、趣味性与生动性

趣味性与生动性是社会生活节目主持语言的重要特点,也是播音主持创作追求的显性目标。

无论是讲解严谨的科学道理还是介绍日常的生活窍门,无论是剖析深刻的社会现实还是诠释灿烂的历史人文,主持语言都要带着生活的灵动与

---

① 张颂.中国播音学[M].北京:北京广播学院出版社,1994:175.
② 张颂.语言传播文论[M].北京:北京广播学院出版社,1999:83.

鲜活,蕴藏生活的情趣与智慧。

社会生活节目主持人注重自身话语内容及表述方式的趣味性与生动性,不仅可以产生更为强大的感染力,亦能令受众获得审美层面的愉悦感,从而产生实实在在的行动力。

四、人文性与艺术性

社会生活节目关乎文化、体现文明,承担着传递生活本真、传承人类理想的重任。理想是崇高的,而日常生活存在单调性、功利主义、平均主义等缺乏美感的现象及特点。不必讳言,社会生活节目曾一度为了增强可视性和吸引力而陷入一个"怪圈":运用充满悬疑性甚至猎奇的方式讲故事;画面、垫乐基调阴沉灰暗;将简单事情复杂化;有些画面给人惊悚的感觉;解说词的撰写和配音方式千篇一律,显示出创作者思想的匮乏和对受众的轻视。

社会生活节目主持人需以高度关怀现实的品质观照生命个体和整个社会,传播主流价值观,并且在梳理、整合碎片化、无序化生活信息的基础上,用精练的、艺术化的生活口语,简明、清晰地传播具有人文精神和人文关怀的内容,做到言之有物、言之有理、言之有趣。

第三节　社会生活节目主持的能力诉求

社会生活节目主持人要以有声语言创作为核心能力,同时具备更加多元的创作能力:拥有复合型的知识结构;准确识别服务对象的群体特征,垂直高效地传播分众内容;善于运用多种主持方式,并在对话交流中把握好与嘉宾的关系;不仅可以进行有声语言创作,还可以一专多能,将自身的个性注入节目并与之和谐相融,共同形成有价值的 IP。

一、深谙相关专业知识,获得平等对话资格,维护传播语境安全

我们一直强调社会生活节目主持人的知识结构应该具备"专业性"特

点。主持人的"专业化"有两个内涵指向,一是指具体的主持业务层面,或者说职业内涵,包括基本规律、基本知识和基本能力,如声音、语言组织、语言表达、肢体语言运用、镜头前传播状态等技术技巧,以及沟通能力、控场能力等,这是节目主持人基础的、共性的职业要求;二是指"主持人的知识积累与自己所主持栏目的学科领域之间的关系","是否有与'专业化'栏目相对应的专业背景及相关信息的了解途径与专业的理解能力"。[①] 上文中所提到的主持人应具备的"专业性"特点主要是指主持人要对节目所涉及的相关领域有一定的了解。在新语境下,我们对社会生活节目主持人提出更进一步的要求:具备丰厚的相关专业知识储备,甚至有相关专业背景,对节目相关领域达到熟知、深知的程度。

对社会生活节目主持人提出更高要求有以下原因:首先,受众的文化水平和理解能力逐步提升,获取信息的渠道越来越多样。社会生活节目主持人的相关积淀越多,才越能够理解目标受众的心理需求,从而才能更好地发挥媒体应有的引导作用。

其次,节目邀请的嘉宾往往是资深专家,主持人要想与之进行深度对话,就必然需要具备较高的专业素养,这样才可能问出更具针对性、更深层次的问题,才能激发嘉宾深度交流的愿望和热情。

最关键的一点是:具备充足的专业知识是维护传播语境安全的重要保障。"以文化之名,行娱乐之实"是当今传媒领域不容忽视的一个负面现象。

拥有复合型的知识结构是增强社会生活节目主持人可信度、权威性的重要素养,能够让主持人更加快速准确地收集节目的相关信息,更加全面深刻地理解节目的立意思路,更加自如恰切地调动知识储备,从而选取更为独特的观察视角和更为个性的表达方式。

---

① 吴郁.电视节目主持人的综合素质研究[M].北京:中国广播电视出版社,2007:22.

二、强化分众传播意识，完善个性特色服务

从受众的角度分析，社会生活节目分为公众性和对象性两个类型。对象性是社会生活节目标志性特点之一。早期目标受众划分较为笼统，对象性特征明显的节目主要是少儿节目、对农节目、教学节目等，但其在总量上少于面向公众的节目。在频道化改革之后，分众节目逐渐增多。新语境下，频道化的制播方式、窄众化的传播现实给社会生活节目带来更为细致的对象分类，除传统类型外，还有以专业职业、兴趣爱好、特殊需求等为划分标准的类型，节目内容涉及饲养宠物、鉴赏汽车、旅行、育婴等方面，类型多样、内容丰富。

较之其他类型节目，社会生活节目的对象设置更为具体，这为节目主持带来显著优势——能够获得更为真切实在的身份感，进行更为细致入微的前期准备，运用更为准确恰当的创作手段。当然，对象的窄分化也给主持带来更为严峻的挑战——需要面对更"纯粹"、更专业、更挑剔的受众群，掌握更有针对性、更专业、更具前瞻性的内容，驾驭更有深度、更为犀利的谈话场。

在当前的新语境下，为了达到更好的传播效果，社会生活节目主持人需要更加深入地了解传播对象的特点和需求，在以下几个方面做足功课：第一，选取目标受众最感兴趣的内容，同时协调好受众"欲知"与"应知"的关系；第二，善用运用受众乐于接受的话语方式，让受众听得懂、听得有兴味；第三，调整心理状态，与目标受众相呼应，理解他们的情感诉求，达成情绪对接。

三、多种主持样态自如转场，多元话语样态无缝链接

社会生活节目主持样态、话语样态极为丰富，同一节目交错运用多种主持方式逐渐成为常态。主持人需要自如驾驭多种主持样态，并在表达时熟练运用相应的话语样态。新语境下，社会生活节目主持能力具有多重诉求。

讲解叙述，依据文字稿件播读或依据腹稿和资料讲解叙述。这是社会

生活节目经典而特色的一种主持方式。篇幅短小的主持语言,如专题小片间的串联、道具演示过程中的讲解、竞赛中的读题、真人秀节目的规则衔接等,需凝练、富有逻辑,起到承上启下的作用。独立成篇甚至成为节目主体的主持语言,如一些文化历史类节目中的读书、讲史、赏析电影等,内容丰富、细节突出、代入感强、述评结合。

专访谈话,在社会生活节目中,主持人需要和各种各样的人交流,专访典型人物、和路人打探趣闻、向各领域专家请教、组织相关人士座谈等,也许只是三言两语,成为节目环节中的一个要素,也许支撑起完整的节目内容,从而完成分享知识、提供服务、传承文化的传播目的。

体验报道,在体验的过程中试验操作、实地访谈、现场述评,多见于旅游、交通、购物、美食、户外活动等内容的节目,主持人需要综合运用多种主持方式,增强节目的感染力和趣味性。

随着社会生活节目内容、形式的丰富,主持人的主持方式也会越来越多样,主持人要最大限度地满足节目内容的需求,同时增强节目的可视性和娱乐性。

四、以新闻敏感应对第一现场,以记录态度感悟人文地理

社会生活节目有大量体验式场景拍摄,这就需要主持人作为体验者、参与者或见证人经历整个过程。比如很多文化历史节目需要主持人边行走边用言语记录感悟,大量科学科技节目需要主持人亲自演示实验过程,天气预报节目气象预报员在现场边感受天气边做实时报告,美食节目更是需要主持人在演播室现场烹饪或走出去探访美食等。因此,主持人需要亲临现场完成体验过程,身体力行地去了解、去感受,才能使节目更真实,更有感染力和说服力。

在社会生活节目中,主持人的一言一行就是节目的主体,所以主持人必须最大限度地投入到采访或实验中去,最大限度地发掘自身潜力,使主持和节目有机融合在一起。

五、平衡各方利益,营造和谐氛围,构建和谐生活

社会生活节目主持人与嘉宾的对话方式主要是议程提问、话轮打断、阶段小结和总结点评。主持人通过这些方式驾驭节目进程、阐释话语难点、调节谈话氛围、完成整体架构等。因此,主持人需恰当地把握自身作为桥梁的角色定位,既能够严谨地解读嘉宾的思想,又能够替受众提出他们应知与欲知的问题。

社会生活节目主持人在节目中经常需要处理多种合作关系,除了与各工种之间的协作,还包括与嘉宾对话、与搭档配合、与受众交流等,随着此类节目的不断丰富,各种关系的关联性、交融性、复杂性也越来越强。主持人需要担任平衡者的角色,通过话语把节目调整到和谐有序的状态,因而妥善处理各种关系是主持人行使话语权的坚实基础。

作为主持人的"共同传播者"的嘉宾,为节目提供相关领域的评判或不同角度的思路、见解,满足节目在专业、品位方面的创作要求。同时,嘉宾相对张扬的个性风格也会满足受众对社会生活节目娱乐性的需求。主持人要平衡节目各方的关系,照顾各方利益,协助当事人展示自身魅力与价值,帮助抉择方冷静判断,做好情绪宣泄的疏通与情感舆论的引导,同时引导主流价值观的传播。

六、多才多艺,一专多能

所谓一专多能,以往是指主持人具备"采、编、播"等多工种、多环节的工作能力或对其他工种和环节有所涉猎。在融媒时代,社会生活节目的娱乐功能逐渐提升,节目形式的创新、整体的包装注重娱乐性。因此,我们对一专多能的阐释为:社会生活节目主持人不能止步于完成串联、访谈、推进节目进程等主持功能,还需要具备更多具体的生活能力与艺术能力。

一方面,主持人可以运用自己真实的生活经验、生活感悟去实践;另一方面,主持人可以根据节目需要运用自身艺术方面的才能辅助主持任务的

完成,如参演规定情境、"抛砖引玉"地展示才艺等。丰富的生活经验,会使主持人的形象更为丰满立体,更有亲和力与感召力。丰富的艺术才能,特别是表演能力可以帮助主持人游刃有余、自然流畅地驾驭节目进程。

新语境下,社会生活节目主持人和融媒体有声语言创作者还需要具备媒介融合的思维方式,建立全媒体内容生产的立体多维视阈,掌握多媒介传播的基础能力,这是在更高层面对主持人提出的"一专多能"。

第四节　国外同类节目创作特点简析

社会生活节目在西方发达国家电视媒介的传播历史十分悠久:世界上最早拥有电视的国家——英国,在战后初期就出现了面向家庭主妇的生活常识节目。日本的NHK早在20世纪30年代初就创立了以教学和服务为功能定位的频道,其早期的生活服务节目是在各电视台的节目中穿插播出,针对性很强,表现手法细致入微。电视媒体发展的领航者美国,于20世纪80年代初提出了电视节目的一个新概念——窄播,出现了完全播送特殊类型节目或面向特定观众群(包括有共同爱好或生活方式的人)的频道。而卫星通信技术的大力发展为窄播的出现提供了技术支撑。这个时期,美国创新了一些有线电视节目类型,如社区节目、当地政府节目和家庭购物频道。如今,这些国家的社会生活节目依然延续着旺盛的生命力,不断推陈出新并引领世界同类型节目的发展。

国外的社会生活节目,无论是真人秀、益智竞赛还是访谈、脱口秀,基本都归为娱乐节目的范畴,而日本的生活服务节目都叫作综艺节目。无论是破解科学难题、介绍科技发明、记录自然规律,还是助家装、教园艺、享美食、展窍门,抑或是情感访谈、儿童教育等,在节目的编排、演播场景的搭建、主持人的语言呈现上,都体现出以娱乐为核心的创作精神,并尽最大努力发挥电视的娱乐功能。

一、对象性鲜明,专业化突出

欧美国家很早就将众多的有线电视台分化成面向不同受众群体的专业频道,而且对每个主题类别的节目都会做详尽的再分类,以确保涉及每一个主题的各个层面,尽量给受众提供最详细的信息。美国电视有上百个播出频道,频道分类丰富多样,诸如 Life time(生活时间女性频道)、HGTV(家庭与园艺频道)、Food Network(饮食电视网)、Do It Yourself Network(自己动手电视网)、The Weather Channel(气象频道)、QVC(克维思电视购物网)等。不仅如此,每个分类频道中的节目还有更具针对性的划分。

对象设定越具体,节目越容易实现内容的专业化,从而树立权威性,使受众对节目产生信赖感。自然科学、人文科学的专题节目,经常会邀请科学家或专业人士作为讲述者,他们在节目中表达的观点、阐释的道理是经过专业思考和判断的,这必然会增强节目的专业性、科学性和严谨性。如英国广播公司(BBC)电视节目主持人及制片人大卫·艾登堡(David Frederick Attenborough)

图 2-1 大卫·艾登堡

(图 2-1)是一名生物学家。半个多世纪以来,他制作并主持了诸多表现大自然的纪录片,堪称经典。又如探索频道(Discovery)的《流言终结者》(*Mythbusters*)、《肮脏工作》(*Dirty Jobs*)(图 2-2)等节目,其中《流言终结者》由特效专家亚当·萨维奇(Adam Savege)和杰米·海尼曼(Jamie Hyneman)(图 2-3)共同主持,他们利用自身的专业优势,采取实验的方式,去拆穿坊间流言、揭示现实真相、重现科学传奇。

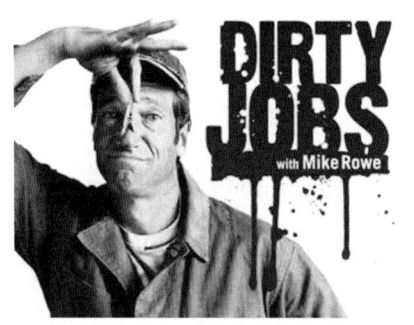
图 2-2 《肮脏工作》

图 2-3 亚当·萨维奇和杰米·海尼曼

二、新闻性体现,直播化运作

在日本,不仅直播是新闻节目的常态,大量娱乐节目同样采取直播的形式,这样必然会加强节目的时效性,增加镜头内外的互动性。欧美国家的新闻节目也基本都采用直播,比如,西方国家很多气象节目采用实地体验、现场报道的方式,并且在屏幕下方24小时显示天气变化,预报时效一般在7天内,以增加气象新闻的真实性和生动性。又如,日本的生活服务节目主要采用直播形式。无论是演播室主控还是外景连线的第二现场,大量采用新闻的理念、手法,同时杂糅多种综艺元素,运用丰富的娱乐手段,让观众产生身临其境的感觉。

日本朝日放送大阪支局 ABC 制作的旅行节目《一大早呀!直播旅行沙拉》就是一档直播类的社会生活节目,至今已有 20 余年的播出历史。其中,《直播旅行》最为特殊,它的内容是旅行者的"现场报道""现场体验"。节目直播时,播出的 VCR 短片由出演者(旅行者)本人在演播室同步配音。观众在收看节目时,可以听到出演者的现场同期声、VCR 解说以及演播室其他出演者看到 VCR 时的感慨发言。[①]

---

① 胡正荣、朱虹.外国电视名牌栏目[M]北京:红旗出版社,2011:338.

三、注重细节，悉心服务

从内容上来讲，日本的生活服务节目几乎无所不包，从服务性上看，几乎无微不至，全面周到。

日本生活服务节目的一个主要特色就是大量使用道具：在创作者看来，传播的知识中只要稍微有一点抽象而可能让受众不明白的，就一定要借用图表、图板、字幕或其他手段加以说明。这种操作充分利用了电视化手段，有利于受众对信息的接收。

图 2-4 《生活点子王》

《生活点子王》（图 2-4）每期都会教大家写一个容易出错或难记的汉字。这个主题本身就兼具实用价值和文化意义。总主持人会先让演播室的嘉宾在题板上试着写一下，一般情况下都会把在座各位难倒，引得众人"叫苦不迭"。继而，节目播放预先录制好的对专家的采访，包括分析此字的结构、记忆方式、文化背景等。然后，第二现场的助理主持人就会按照专家介绍的方法用毛笔写出来，并在关键处加以强调。回到演播室后，主持人会邀请现场嘉宾再次写一遍这个字，这次嘉宾基本就能准确无误地写出来了。由此可见，观众听到专家对汉字的讲解和学习这个汉字的合理、便捷的方法后，反复练习书写，自然会对这个汉字记忆深刻。

四、电视手段最大化运用

从 1936 年英国广播公司（BBC）在亚历山大宫建立世界上第一座电视台至今，西方发达国家电视制作的专业程度已经相当之高，其对电视化手段的综合运用值得我们学习借鉴。

美国窄众节目、服务节目的制作水平非常高,而且电视语言丰富,表现手法多样,可视性强。首先,他们善于大量使用实地场景,主持人和专家在现场现身说法,展现具体的制作过程增加节目的可信度。其次,他们的拍摄手法和编排手法也很讲究,有许多对细节的描述,比如镜头特写或跟拍等。而且这类节目会大量使用同期声,以增加现场感和真实感。最后,他们会注意捕捉和利用主持人的幽默、滑稽镜头,以增加节目的娱乐性。

日本的社会生活节目隶属娱乐节目范畴,演播室色彩绚烂、场景繁多,用音效烘托出温馨又热闹的气氛,而且镜头语言丰富,综合运用各种节目形式。由于基本采用直播方式,这些节目又呈现出时效性强、结构紧凑、节奏感强等特点。《生活点子王》的总主持人担当演播室现场主持,先提出生活中可能出现的问题,并通过短片模拟情景,然后外景主持人采访专家,由专家进行解答和阐释,再播放由助理主持人亲身实验的短片,最后回到演播室现场,由嘉宾进行验证。《超省时生活》充分利用直播的优势,与第二现场实时连线,通过现场演示、插播外拍素材等方式丰富节目呈现。《全民大学校》(图 2-5)的最大特点是在播放前期外拍片时,电视画面的一角会同步播出现场嘉宾观看时的反应,这不仅带给电视机前的观众多层次、多角度的收视感受,也增强了节目的直播感。《老师没教的事》(图 2-6)海量使用道具,对一个话题或

图 2-5 《全民大学校》

超省时生活

全民大学校

老师没教的事

图 2-6 《老师没教的事》

问题"掰开揉碎"式地进行解读。

五、真人秀形态大量运用

欧美相关节目中,真人秀形态运用的比重相当高,而且手法娴熟,内容更是包罗万象。真人秀的出现和20世纪八九十年代以来,西方兴起的新自由主义意识形态密切相关。

比如美国全国广播公司(NBC)的《学徒:家政女皇》(*The Apprentice Martha Stewart*)(图2-7)节目的获胜者将会获得到MSO公司工作的机会,并赢得这个家族企业的高级职位。又如《改头换面:家装版》(*Extreme Makeover: Home Edition*)(图2-8)每期都有一个小组,为那些通过资格审核的有不同需求的家庭,在一周之内重新建造房子。我国已经翻拍了这些节目。

图2-7 《学徒:家政女皇》

图2-8 《改头换面:家装版》

还有很多节目值得我们借鉴或本土化改造:比如美国福克斯电视台(FOX)的《厨房噩梦》(*Kitchen Nightmares*)(图2-9),主持人戈登拉姆齐(Gordon Ramsay)每周都会到各个面临困难的餐厅提供帮助。他为厨师准备膳食并为

图2-9 《厨房噩梦》

服务员的餐间服务提供建议,使这些餐厅重回正轨。又如《损伤控制》(*Damage Control*)节目,父母在周末把儿童单独留在家中,通过已装好的摄像头观察孩子会做什么,据此了解自己的孩子。近几年,美国兴起了以身份认同为思路的 Redneck① 节目,像历史频道(History)的《沼泽居民》(*Swamp People*),探索频道(Discovery)的《月光偷酿者》(*Moonshiners*),有线/卫星电视频道(A&E)的《鸭子王国》(*Duck Dynasty*)等。

六、体验式主持相对突出

在科学科技类节目、文化旅游类节目、美食类节目中,主持人的体验行为贯穿始终,而且主持人会在节目中实际操作、参与讨论、发表观点、讲述感受等。

美国探索频道(Discovery)的《肮脏工作》(*Dirty Job*)就是很有代表性的主持人体验式节目,也可以称它为真人秀节目。主持人迈克·罗韦(Mike Rowe)会在节目中体验各种各样的工作,包括危险的、辛苦的甚至肮脏的工作等。他的风趣幽默极大地化解了人们观影时的不适感,给大家呈现出观察世界的另一种角度。

美食节目也多用体验式主持。美国美食频道(Food Network)的《与尼莉在家》(*Down Home with the Neelys*)(图2-10)的主持人是一对夫妇,在节目中教观众做家常饭;《艾娜·加藤》(*Ina Garten*)(图2-11)的主持人艾娜·加藤(Ina Gar-

图2-10 《与尼莉在家》

---

① Redneck 是一个美国俗语,即表示一些思想顽固、受过很少教育的农民和乡村白种人士。由于见识不多而又不愿接受新事物,所以行为落后。Redneck 原本是美国北方人对南方人的称呼,有蔑视的含意。但时至今日,Redneck 已经是典型美国南方人的一种文化象征。

ten)是一位家庭主妇,她和作家丈夫以度假为主题,为观众烹饪当地美食,他们也经常在自己家教大家做饭。英国广播公司(BBC)近来推出的《小小巴黎厨房》(The Little Paris Kitchen)(图2-12)拍摄地点在巴黎,主持人雷切尔·邱(Rachel Khoo)在自己的异乡小厨房为大家做法式大餐,而《意式风味》(Nigellissima)(图2-13)则取景于意大利,主持人尼格拉·罗森(Nigella Lawson)向观众展示意大利美食的做法,另有《本味厨师》(The Naked Chef)(图2-14)的主持人杰米·奥利弗(Jamie Oliver)与来自世界各地的人打交道,邀请他们到自己的公寓,为客人烹饪美食的同时解答有关烹饪的问题。这些节目贴近生活,淡化做节目的印迹,主持人更为真实、自然。

图2-11 《艾娜·加藤》

图2-12 《小小巴黎厨房》

图2-13 《意式风味》

图2-14 《本味厨师》

七、核心主持人成熟且阅历丰富

在国外相关节目中,成熟的主持人占较大比例。男主持人阅历丰富、经验老道,或沉稳或洒脱,既平易近人又风趣幽默;女主持人端庄大方,女性魅力突出,生活经验丰富,在相应领域有一定特长。在这些节目中,主持人的年龄普遍偏高,男性主要集中在四十至六十岁,当然也不乏年逾花甲的"老男孩",而女性则集中在三十至四十五岁。他们会承担总主持人或主要主持人的职责,而搭档或助理主持则多是相对年轻的主持人。

日本的生活服务节目主要面向家庭主妇,适合全家一起收看,它们历史久远、内容丰富、形式多样,引领同类型节目的潮流。在主持人的设置上,成熟男性主持人或成熟男女搭档主持是主流。如《超省时生活》采用中年男主持加年轻女主持助理的阵容,男主持人是2013年日本最受欢迎男主持、上届冠军上田晋也(1970年生人)(图2-15),女主持助理是出水麻衣(1984年生人);《老师没教的事》采用老年男主持加中年女主持助理的阵容,主持人是立川志之辅(1954年生人)(图2-16)和小野文惠(1968年生人)(图2-17);《料理东西军》《东西军旅行团》采用"超龄"老年男主持组合,主持人是关口宏(1943年生人)(图2-18)和三宅裕司(1951年生人)(图2-19)。

图2-15 上田晋也(左一)

图 2-16 立川志之辅

图 2-17 小野文惠

图 2-18 关口宏

图 2-19 三宅裕司

  以欧洲的电视节目来看,主持人"外形是否美丽俊朗,并不是特别重要,他们的主持人一般在50岁左右,处事沉稳,不仅随时掌控着节目应有的发展节奏,而且在发生紧急情况时,能够反应灵敏,处理得当,让人有安全感,例如老牌节目《幸存者》(Survivor)的主持人杰夫·普罗布斯特(Jeff Probst)(图2-20)等。又如职场类真人秀,其核心人物一般是相关领域的权威,知名度较高,形象正面、较有公信力"[①]。

八、主持人个性多元鲜明

国外相关节目的主持人主要分两种:一种是明星或公众人物,节目利用他们的号召力增加娱乐性和收视率;另一种是成熟的专业主持人,他们稳重,有生活阅历,有亲和力和说服力。

图 2-20　杰夫·普罗布斯特

国外主持人的遴选可谓不拘一格。主持人入行前大都有其他领域的丰富经历。他们被赋予极大的创作空间,可以在节目中释放自己的天性,彰显自己的特点,所以每个主持人个性鲜明。即使是同类型的节目,也会因为主持人的不同而呈现出完全不一样的节目风格,这一特点使主持人与节目的关系更加紧密,主持人的品牌效应也更为突出。

---

① 刘昶.欧洲优秀电视节目模式解析[M].北京:中国广播电视出版社,2010:103.

第三章　社会生活节目主持创作方式

社会生活节目主持以有声语言为核心创作手段,创作方式多元,具有鲜明的时代感。本章将对社会生活节目主持的创作方式进行梳理,既包括传统媒体主持人的有声语言创作,也包含融媒体语言工作者有声语言作品的综合性创作。通过经典案例解读主持人的创作方式。

社会生活节目诞生至今,从"大众传播"到"分众传播",再到"垂直传播",与时俱进,出现了诸多优秀的节目,培养了一批兼具实力与口碑的主持人。在本书列举的主持人中,既有坚持创作数十年的"老戏骨",也有刚出镜便被普遍看好的"新秀",有的已不再活跃在屏幕上,但却是曾经的"流量担当"。在列举的案例中,传统媒体与新媒体均有涉及,下文将进行详细的分析阐释。

第一节　以讲述为主要创作方式

一、串联与简谈

串联是社会生活节目中一种常见的主持形式,具有简洁明了的特点,但主持人如果没有深厚的语言功力、突出的个性魅力,则很容易被专题短片喧宾夺主，所以因串联而出彩的主持人并不多见。

主持人的串联在节目中的作用是：梳理总体脉络，理清各种关系；进行必要的内容推介、概念解析、道理阐释；交流观点、沟通情感；增强节目的人情味、个性化等。当然，这些作用得以发挥的前提是主持人的有声语言要有足够的含金量。好的串联不仅会使节目的框架更为清晰，主题得到升华，还会使主持人和节目更自然地融为一体，助力节目的品牌推广。

简谈指的是节目创作进程中，主持人和嘉宾或观众之间的简短话轮，一般就某个话题做简单访谈，并不深度展开，有时会成为节目的一个环节，起到衔接串联的作用。简谈过程中，主持人的任务是和嘉宾进行简要交流，组织观众代表与嘉宾交流，主持人适时融入谈话场提供个性化观点等。

1. 洪涛在《中华医药》中的主持创作

图 3-1 《中华医药》主持人洪涛

洪涛主持《中华医药》节目近20年，她已经将自己和节目融为一体，节目的风格即她的风格，她的气质即节目的气质。洪涛在节目中的创作方式主要是串联和简谈两种，特别是她的串联极具传统美和知性美。这里特别推荐她的"探秘红楼美食——《中华医药》系列特别节目"，通过"一探""再探""三探"的"探秘"，既传递了"食理""药理""医理"，又传播了中华传统文化，彰显了《中华医药》的节目宗旨。同时，在主持的过程中，洪涛清晰温婉的表达、扎实的专业基础、丰富的知识储备都得到了很好的体现。

我们来看看其中几段。

茯苓篇

珍爱生命，关注健康，欢迎收看《中华医药》，洪涛在北京问候海内外的观众朋友们。

中华医药：
茯苓篇

现在一提起保健，人们往往想到一个字，那就是"补"，出发点自然是补身体之需，防病于未发之时。那您说什么最补呢？很多人的第一反应，肯定是"人参"，那是大补啊！其实啊，还有一样东西比人参便宜得多，但补虚的功效却差不多，那就是——浓米汤。这可不是信口胡说的，是有证据的。清代名医王士雄就说，"贫人患虚症，以浓米汤代参汤，每收奇迹"。不仅如此，还有例证呢。话说在《红楼梦》里啊，有一次贾宝玉和王熙凤都病得奄奄一息了，等渐渐醒来之后啊，贾母、王夫人马上就让人熬了"米汤"来给他们喝，这才"精神见涨，省了人事"。什么米汤这么神奇呢？不忙，今天的节目就告诉您，不过在这之前，先说点《红楼梦》里的其他事情。

……

茯苓，其实是寄生在松树根之间的一种真菌，所以中国古人就把茯苓看作是松树精华化身的神奇之物，有很好的滋补养生的作用。当年，慈禧太后内服的13个长寿补益的方子里，使用茯苓的就占到了将近一半。茯苓的滋补功能很强，而且茯苓霜又是茯苓的精华，那滋补作用就更好了，所以《红楼梦》中广东的那些官员们才会不远千里来送给贾府的女眷们。但是大观园里女眷们喜欢这个茯苓霜，可不仅仅是因为它有滋补身体的功能，更因为茯苓霜还有一个特殊的作用。那是什么作用呢？我们还是先去看一看茯苓霜的做法，回来再告诉您。

破闷儿篇

人啊是向往快乐的，不希望郁闷，所以现在咱们常常把这个娱乐活动啊，叫作"解闷儿"。而在小说《红楼梦》里，这个娱乐啊也不叫娱乐，叫作"破闷儿"。您想啊，不是郁闷吗？那么，打破这个郁闷肯定就开心了。多形象啊！所以，这个红楼梦里凡是跟摆宴喝酒、请客吃饭，也就是说，所有跟"吃"有关的时候啊，差不多都要玩

中华医药：
破闷儿篇

一玩游戏找点乐子。说白了,不能够光吃,还得在吃饭之余寻求点儿精神慰藉。可是,他们大都是在食物之外破闷儿,什么猜拳行令啊、斗诗联句等。殊不知,他们吃的那些红楼里的美食本身就值得拿出来破闷儿,因为每一道红楼美食的背后都有一些有趣的事情。那么今天《中华医药》就拣出了几样来,给您破破闷儿。

以茶漱口篇

俗话说得好,过日子开门七件事——柴米油盐酱醋茶,您天天得为它们操心。有人笑了,说这是说过去呢,现在生活水平提高了,不用操心这个了。要我说啊,不见得。您比如说这个茶吧,现在那当然是不愁没茶喝了,但是怎么喝茶会更健康,您是不是都知道了呢?《红楼梦》里的贾府,吃过饭,上的这第一道茶,那是漱口的,第二道才是喝的。以前都认为这是富贵人家的排场,太浪费了!其实呢,这不是排场,而是有利于健康的。因为饭后用茶水漱口,不仅可以清洁口腔,更重要的是因为茶里面含有丰富的氟,它可以消除牙齿上的菌斑,坚固牙齿,预防掉牙。据说,当年大文豪苏东坡每次吃完饭也是用茶水来漱口,为的就是固齿。古人是不知道什么"氟",但是从经验中总结出来了——以茶漱口。《红楼梦》呢,只不过是把它反映在了故事里而已。不仅如此,生活中的保养经验,《红楼梦》里还有很多反映,不妨一起来看看。

中华医药:
以茶漱口篇

在"探秘红楼美食——《中华医药》系列特别节目"中,洪涛总会将红楼故事、红楼美食与中医药材自然地联系在一起,正讲着故事就端出来美食,正说着美食就道出了中医理论,继而就奉上了中药材,在讲述过程中配以温婉的笑容、亲和的语气,给受众带来舒适的视听体验。

2. 阿龙在《这里是北京》《北京话话北京》中的主持创作

《这里是北京》《北京话话北京》都是地缘性较强的节目,主要受众是北京的老百姓,同时也吸引着京城文化的爱好者。所以,这样的节目最需要突

出的就是浓厚的"京味儿"。阿龙是地道的北京人,他在《北京话话北京》之《北京范儿的家长里短》中有这样一段独白:

图3-2 主持人阿龙

北京话话北京:
北京范儿的
家长里短

> 我打小在北京土生土长,胡同拆迁的时候,瞧什么都舍不得,都想捎带着。可临了能带走的,也就是老宅的门牌儿。也许是见天儿待在北京,很多的变化都是发生在不经意间的,就像邻居家的小小子一天天长大,你却总觉得他还是那样。倒是我有个朋友,九几年来北京上大学,他说他那会儿对北京印象最深的就是地安门。当时平安大街还没修呢,路口东南把角儿是13路总站,站台上有弯弯曲曲的铁栅栏,慢悠悠地排队上车也能有座儿。他说北京真是很大,从东四往北有一条、二条,居然能一直数到四十条。直到有一天坐地铁,他才知道那地儿叫东四十条。前两天他在朋友圈里说,高圆圆和徐静蕾很像,很多人不以为然。他的理由是,这两人都有股子北京大妞的劲儿,这北京大妞什么样?都说北京大妞三样宝:人傻、话密、心眼儿好。其实,这仨词儿也可以总结成一个字儿:二!但是这个"二",只有北京人知道,它是褒义词。

阿龙对北京的市井文化有着扎实的生活体验和丰富的知识储备,他操着标准的京腔,在节目中自然流露出"北京范儿",与节目的融合度相当高。我们再来看看他在《北京话话北京》之《北京寻爷记》中的开场白:

北京话话北京:
北京寻爷记

> 《北京话话北京》,阿龙和您聊北京。今天咱们说说北京的"爷"。有一个作家说,这个北京遍地都是"爷"。很多外地朋友来北京,也有点丈二和尚摸不着头脑:怎么管谁都叫"爷"呀?其实在北京,"爷"的用法非常多。在中华文化里边儿,这个"爷"代表的是

老、大、尊，但是北京人给"爷"赋予了更加生动、更加丰富的含义。为什么这么说呢？这个"爷"字，在北京话里不下五六种用法。您看《木兰辞》里边有这么一句，叫"阿爷无大儿，木兰无长兄"，这说明什么呀？在那个时候，"爷"是对父亲的称呼，那么对于父亲的哥哥，称呼为大爷（ye）。但是不知从什么时候开始，这"爷"成了祖父了，父亲变成"爹"了。但是有一个例外，"大爷"仍然保持着原来的含义，就是称呼父亲的哥哥，但是"爷"得读轻声，读起来是大爷（ye）。所以在北京话里，"爷"的第一种用法，就是对长辈的称呼。

节目的一词一句、一腔一调，都透露着主持人身上浓浓的老北京气息。在说起陈凯歌导演的电影《梅兰芳》里的一个有争议的桥段，即梅兰芳让孟小冬称呼自己为"梅得（dè）爷"时，阿龙评价说：

> 其实当年在《梅兰芳》这部电影热映的时候，关于这个桥段引起了不小的争论。有人说在北京话里"得爷"表示很"拽"的意思，以梅兰芳的为人，他很谦逊，再说了，头回见面儿，应该不会让孟小冬这么称呼自己。不过陈凯歌导演也是地道的北京人，他应该不会犯这种错误，况且这北京话说了这么多年了，也许这"得爷"也有现在咱不知道的含义。总之，在平常的生活里，当遇到年长的男性的时候，这个"爷"肯定得读四声，比方说门口的"张大爷"。但是当尊称用的时候，这个"爷"可以读二声，也可以是轻声，比如大爷（yé）或者张爷（ye）。另外，在北京话里，这"爷"还有第六种用法，就是对一群人或者一类人的统称，把这群人的共同特点提炼出来，凝结成一个字儿，后面加一个"爷"字。比方说吧，倒腾买卖的——"倒爷"，侃大山的——"侃爷"，蹬三轮的——"板儿爷"，趁钱的——"款爷"……您瞧瞧，光是一个"爷"字儿，在北京话里有这么多讲究。那么话说到这儿，今天咱这期节目名字就是《北京寻爷记》，所以我们在北京城就给您寻找到了这么两类"爷"：一类是高高在上的"爷"，另一类是市井百姓生活当中的"爷"。

北京话话北京：
北京九门的
那些故事

阿龙主持的个性特点不仅仅在于他的京味普通话，还在于他语言表达过程中投入的态度、恰当的节奏、自信的眼神、略带表演化的手势、一贯朴素的唐装和使用自如的折扇。

现在，阿龙又在中国交通广播和新媒体平台开设了自己的专栏——《阿龙说北京》，继续讲述老北京与新北京的故事。

3. 路一鸣在《道德观察》中的主持创作

《道德观察》栏目主持人路一鸣在节目中的主要任务就是串联，而每段串联词不过1分钟左右，但他并不满足于简单地复述编导提供的文稿，而会按照自己的认知、理解和表达习惯认真修改，使每一段话里都渗透着他的关注、思考和态度，言辞诚恳，切中肯綮，耐人寻味。

图3-3 《道德观察》主持人路一鸣

《好人之城》讲述的是电动车司机被压在小车底下，路人一起抬车救人的故事。路一鸣在开篇这样说道：

道德观察：
好人之城
（片段1）

在如今的城市中，在钢筋水泥的"丛林"里，我们时常会感叹：好像人和人之间的温情少了，信任少了。当别人处于困境的时候，我们该如何面对？当一个老人跌倒的时候，我们能不能出手去扶一把？当一个孩子被碾压在车轮下的时候，我们可以漠然地走开吗？刚刚过去的这个冬天，在广东省惠州市发生的一起车祸为我们重新诠释了生活的美好，不仅在于物质的丰富，更在于世道人心。

这段串联看似用一段简要的开场白引出一件简单的"好人好事"，但实际上是引起人们对诸如"彭宇案""小悦悦事件"等一系列负面事件的思考，在这样的社会大环境下,惠州的"好人好事"更显得弥之珍贵。路一鸣在表达时,从始至终表露着鲜明的态度,看似复述,实则评论,那一连串的问句不是"疑问"而是"反问",甚至是对漠然、对恶意的"质问";最后一句表达铿锵有力,"世道人心"一词三顿、掷地有声,使人听后陷入思考并扪心自问。

在短片介绍完事情的来龙去脉后,路一鸣紧接着用一段主持人串联词衔接,具有承上启下的作用:

> 当时是围观市民自发地组织了行动,没有人去组织大家,大家一起伸出援手,抬起肇事车,把伤者从车底盘下边给拉出来,同时将机动车及时地熄火,这些行为都非常准确及时,堪称完美!被及时送到医院的黄女士,经过抢救现在已经脱离了危险,但是因为还要接受进一步的手术,她目前仍然在住院。当时接诊的医生说起这件事,至今还很有感触。

这段词虽然简短,但是需要夹叙夹议,逻辑清晰,态度鲜明,承上启下。节目中,主持人路一鸣处理得十分巧妙,叙得自然、评得中肯,节奏的处理也极具特色。

当短片播放结束,故事叙述完毕,节目进入收尾阶段时,往往用一段观点清晰、态度鲜明的总结性论述进行串联:

> "好人之城",这句不像口号的口号,说出了很多人心中的向往,谁不想住在好人成堆的城市里?谁不想在自己遇到危险的时候,陌生的路人都能"该出手时就出手"?记者的寻找没有能够完成任务,但我相信,在救人的现场,人们对内心善良、公德、责任的寻找已经成功了。这种精神不光每个惠州人心里有,每个中国人心里也都有,有时候因为长期不用,它躲起来了,但是它没有离开我们,它还在那儿,静静地等着,等着下一次机会来临时,生命主人的呼唤。

道德观察:
好人之城
(片段2)

结尾没有责问,只有信任、理解和期待,也许这种温暖的呼唤会产生更加深入人心的力量。另外值得一提的地方是每句话音落下之后,路一鸣都会有意做一个稍长的停顿,之后再说结束语"我是路一鸣,下周见"。这个像是"刻意"设计的停顿恰似"留白",使得之前的话语更显意味深长,给听者留下沉淀和思考的时间,可谓点睛之笔。

4. 撒贝宁在《开讲啦》中的主持创作

《开讲啦》是中国电视荧屏上首档青年电视公开课。节目邀请"中国青年心中的榜样"作为演讲嘉宾,分享他们对生活和生命的感悟,给予中国青年现实的讨论和心灵的滋养。节目不仅讨论青年们的人生问题,还讨论青春中国的社会问题。每期共有10位来自全国各大高校的青年代表向演讲嘉宾提问互动,300位大学生作为观众在现场分享这场有思考、有疑问、有价值观、有锋芒的思想碰撞。

图3-4 《开讲啦》主持人撒贝宁

《开讲啦》的主持人撒贝宁(图3-4)相当有个性魅力。1999年《今日说法》栏目开播,撒贝宁的主持生涯自此开始。"以案说法、大众参与、专家评说"的新型法制节目成为很多观众每日必享的"精神午餐",撒贝宁也凭借个人突出的专业能力而被大众所熟知。近年来,他主持了更多类型、样态的节目,做法制节目时他严肃镇定,做综艺节目时他多才多艺,做《开讲啦》时他幽默智慧、收放自如。

《开讲啦》主持人的主要任务是开场、串联和简谈。曾经有人总结撒贝宁在节目中的表现是:"有温度的开场白和个人故事","亦庄亦谐、幽默睿智,为传统演讲节目带来与众不同的生气","对待青年代表的提问归纳一针见血,被《开讲啦》现场观众微博誉为'总结帝'"。由此可见,社会大众对撒贝宁在《开讲啦》节目中表现的评价是非常高的,接下来我们以一期著名演员秦怡的专题做详细分析：

首先是开场白，小撒在节目一开始便开启了他擅长的"自黑"模式：

> 在我们这个舞台上每一位演讲嘉宾将用他们最有温度、最有分量的演讲和我们共同分享他们的人生智慧。最近有一句话特别流行，那就是"岁月荏苒，光阴如梭"。前两天我做一个节目，请来一个嘉宾是一个孩子，去年我还刚刚请她到我们节目来。特别开心的一个孩子，见到我高兴得蹦，"小撒哥哥，小撒哥哥！"今年来以后文静多了，一年多的时间没见，见到我以后羞涩地说："撒叔叔……"（全场笑）有的时候，岁月的流逝积淀了很多生命的感悟，但是有的时候，你用什么样的心态来面对岁月的流逝和不断增长的年龄？今天我们请来一位一直到今天为止仍然在说自己是"90后"的老人家，那么她是谁？让我们掌声有请今天的嘉宾：秦怡老师。

节目开始，在讲完一段有温度的故事，引得人们暖心微笑之后，引发人们对人生课题的思考，进而自然过渡到请出本期嘉宾。

嘉宾演讲结束，主持人要完成一段承上启下的串联，撒贝宁是这样说的：

> 我们今天非常高兴地告诉各位，坐在我们台上的这位演讲嘉宾，是《开讲啦》到目前为止最年长又最年轻的一位！（掌声）我们以前《开讲啦》舞台上也有年轻的演员来给我们讲过……他讲了大概20分钟吧，然后休息了大概2个小时。给他送水、上担架，（笑）比您差多了这个体力上。但是听完秦怡老师您这位"90后"以后，能感觉出跟我们这个现在的"90后"不一样的地方。

又是一个用有温度的小故事包裹一个"大道理"的巧妙串联，不仅增强了节目的娱乐性、可看性，还使听者在潜移默化中接受了节目的观点。

接着撒贝宁给观众抛出一个秦怡"不一样的地方"，是她用握毛笔的方式写硬笔字的习惯，这相当于为大家展示了一个幕后小片段，让年轻的朋友们更加深入地了解秦怡，也是为接下来年轻朋友提问做了一个自然的过渡。

如果说这段表述是"谐"的体现,那么结尾处对秦怡的再次介绍和解读就是"庄"的精彩体现:

> 今天节目结束之前,我再给大家介绍一下这位坐在台上的老人。2008年汶川地震后,在一次电影人的捐款晚会上,我看到了这样一幕:秦怡老师的生活并不是我们想象的那样是富足的、奢华的,但是就在那天晚上,秦怡老师几乎拿出了自己所有的积蓄,捐款20万。(掌声)我都记得那天在舞台上,主持人都哭了,说秦怡老师您别……这句话就差一点没说出来:"您不能这样。您捐出来以后,您怎么办?"秦怡老师说"没关系",说"孩子已经走了",说"我一个人用不了那么多。"(观众落泪,掌声)就是这样一位老人,坐在台上很平淡地和我们分享着她90年的风雨人生。所以我想最后我要怎么介绍这位老人呢?那就是,一个真实的、自然的,直到今天还在生命的道路上为梦想而前行的、心中充满了大爱的母亲、妻子、艺术家!再次掌声感谢秦怡老师!

这段对人物的再次介绍,不仅丰富了人物形象,深化了主题,而且使节目的立意得到升华。

节目中的一个简谈段落,撒贝宁适时加入谈话场,提供了个性化的观点。有位青年向秦怡提问时说到,自己曾经对父母有误解、有怨恨,现在长大了,才多了几分理解。撒贝宁则在秦怡回答完她的问题后,顺势接过来补充了自己的观点:

> 我特别想跟你说的是,其实我们老说一个人"长大、长大",长大最重要的一个方式是在人生的不同的阶段慢慢学会:哦,原来什么是"爱"。小的时候,不懂得爸妈给自己的爱,大了的时候又不懂得怎么去爱爸妈。但是,学习!学习很重要的方式就是沟通。好好地跟父母沟通,多了解他们在想什么。

当秦怡回答完青年"现在以91岁的年龄想对19岁的自己说些什么"的

问题后,撒贝宁精练地概括了秦怡的回答:

> 所以你看年轻人有时候提的问题都很"浪漫",但是我们看到,作为秦怡老师,90岁高龄,其实生命是越来越平淡、越来越真实。很多事情,"可能的"我去多想一点,"不可能的"不要去占用这个时间。我想这种心态、这种动力,可能对李明(提问青年)来讲,对你的未来会更有用。不要去想你90岁的事,等到了那一天,你自然就会知道了。

撒贝宁敏捷的思维和娴熟的主持技能使他在串联与简谈的创作方式中游刃有余。

二、主题叙事

主题叙事指的是主持人在节目中作为"讲述人"出现,对情节内容完整的长篇稿件进行有声语言创作,主持人的讲述即节目的主体,其间辅以现场道具、视频、图片等资料,整个节目就像主持人在为受众"讲故事"。

进入新世纪,国内陆续出现了一些以主持人讲述为主要呈现方式,进行主题叙事的社会生活节目,有央视《佳片有约》、北京电视台《档案》这样的"长青树",还有新媒体节目《晓说》《一千零一夜》《博物馆奇妙夜》这样的"新生代"等。这些节目的讲述人大多不是职业主持人,而是有其他职业背景的"跨界"主持人。

讲述人无论是依托完整稿件还是将腹稿转化,挑战性都是比较强的。做长篇叙述时,主持人的语言不仅要逻辑清晰、语流晓畅,还要生动鲜活,富于变化,感染力十足,悬念感突出。这样的形式给主持人的个性化创作提供了广阔空间,对主持人也是一种挑战,因为如此缺乏视觉冲击的长篇叙事,只有特点鲜明的表达才能持续吸引受众的关注。"讲述人"在镜头前的呈现看似单调,实际上这恰恰可以让受众专注于他的音色、语气、节奏、重音、肢体语言、道具,甚至内在的个人素养等,这些因素都会成为主持人展现自身个性特点的手段。

1. 石凉在《档案》中的主持创作

《档案》栏目于 2009 年开播,节目极具代表性,可以说是讲述型节目的"先驱"。以一个特定的,极具个性化的讲述者(主持人)现场讲述和展示为基本形态,以案件和事件现场实录回放为线索,披露国际国内大案要案、社会传奇、情感故事等。这个节目的最大特点就是"讲述人"单人大篇幅的现场叙事,其间会借助一些简单而又具有标志性意义的道具,如放映机,白手套,"绝密卷宗",和人物、事件相关的物品等,主持人的服饰也会根据具体内容做特殊设计,如中山装、军装、礼帽等。

图 3-5 《档案》主持人石凉

《档案》的主持人石凉(图 3-5)的个性突出,特色鲜明。石凉的人生阅历丰富,先后毕业于北京外国语大学和国际关系学院,精通法语、英语,在国外从事金融工作的同时学习了表演专业,之后专职做演员。所以节目中的石凉不仅有辨别度甚高的嗓音、深厚的台词功底、极强的语言表现力和十分精准的镜头感,而且对文字稿件的表达准确到位,外语发音非常标准、自然。多领域的知识储备、丰富的人生阅历、扎实的艺术功底和深厚的职业素养,使得石凉的讲述独具个人魅力,从而给受众身临其境的愉悦感。

档案:
圆明园劫难

在《档案》《圆明园劫难》的一期节目中,石凉作为讲述人,除了要在不同的场景中变换出镜方式外,还要做到讲述内容和情绪的有机衔接。本期节目的特殊之处在于,他发挥自己语言上的优势,根据内容运用了中英法三种语言。我们截取开篇几段来看一看:

(落地大屏幕,圆明园遗址显现,步入画面。着中山装。)

这里是北京西郊圆明园遗址公园,我们现在看到的是一片废墟,可是在 150 年前它曾经是万园之园。圆明园,由清朝康熙皇帝

第三章 社会生活节目主持创作方式

兴建,在乾隆年间基本完成,标志着清建筑艺术的高峰。当时圆明园占地350公顷,有各种建筑200多座,汇集了天下胜景和各种名园的精华,其中收藏的珍宝更是不计其数。1860年10月6日,这座皇家花园成了一座空城,向英法联军敞开了大门,在接下来的十几天里,英法联军大肆抢劫了圆明园,并把它一把火烧了。大火整整烧了两天两夜,举世闻名的皇家园林被付之一炬。那么,圆明园为什么会遭到如此的灾难?

(案桌前,放有档案夹。主持人戴白色手套)

1860年这把大火把圆明园烧了个精光,不仅是圆明园,和它相关的档案资料也差不多都烧光了,剩下的东西非常少。今天,在中国第一历史档案馆还剩下了一些圆明园的有关资料,里面最早记载的是雍正时期的。我们在档案里看到一个有趣的事儿:雍正二年也就是1724年,山东德平县有一个知县叫张钟子,他带人查看了圆明园的风水,我们来看看他是怎么说的:圆明园内外俱查清楚,外边来龙甚旺,内边山水岸九州尧象,按九宫处处合法。这段话的意思就是说,圆明园是块风水宝地,里边的山水建筑设计处处合理,一切趋于完美。可是这个山东来的知县风水先生显然没有料到,100多年后圆明园将遭遇一场劫难。

(幻灯机前,放映资料图片)

这就是咸丰皇帝。1851年,19岁的咸丰皇帝刚刚登基,就面临着西方列强对中国越来越大的野心,他们毫不掩饰要攫取更大的殖民利益。詹姆斯·布鲁斯·额尔金出生于伦敦的名门望族,1857年被英国政府任命为新的驻华全权使节,负责与清政府进行新的谈判。让·巴蒂斯特·路易·葛罗早年接受贵族教育,30岁进入法国外交界,1857年被拿破仑三世任命为法国驻华全权特使。詹姆斯·霍普·格兰特出生于苏格兰望族,曾经在爱丁堡和瑞士接受教育,1860年格兰特出任英国侵华军队司令。夏尔·库赞·

孟托邦出生于法国军人世家，1859年11月被正式任命为法国侵华军队司令官。

（返回大屏幕前）

1860年2月，英法两国政府再度任命额尔金和葛罗为全权代表，军事上由格兰特和孟托邦分别率领英军一万五千人左右，法军七千人左右，再次扩大侵略战争。五六月，英军占领大连湾，法军占领烟台，封锁渤海湾，并以此作为进攻大沽口的前进基地。

（虚拟沙盘前）

7月份，英法联军再次闯到了大沽口外，以英法公使要进京换约为幌子，一面武力进逼，一面说要讲和。所谓换约，就是和清政府交换已经批准的《天津条约》，而清军统帅僧格林沁认为敌军不善陆战，所以他专门派兵防守大沽口，而对北塘却没派一兵一卒，英法联军得到了这个情报，这就给了他们可乘之机。……

石凉的讲述沉稳有力，个性鲜明，悬念感十足，尤其是无缝衔接中英法三国语言，每种语言都发音纯正、自然贴合，毫无违和感。

2. 梁文道在《一千零一夜》中的主持创作

如果说《档案》节目的主持是"有稿播音，锦上添花"，那么《一千零一夜》（图3-6）等节目的主持就是"无稿播音，出口成章"了。

以《一千零一夜》节目为例，它是专门为网络平台制作的垂直类内容，主持人梁文道不是专职主持人，他身上的标签多到两位数。他在节目中的创作可以称其为主持，因为他用有声语言创作，全程驾驭节目，但是

图3-6 《一千零一夜》主持人梁文道

他又和一般意义上的主持不同,他在节目中掌握几乎全部话语权。个人特质即节目特质,他所讲述的内容没有完整文稿甚至没有文案,所有内容都来自其自身的知识储备和人生阅历。这样的节目对主持人的文学修养及口语表达能力的要求都是相当高的,同时,还需要主持人有相当丰富的镜头经验。

《一千零一夜》是一档读书节目,全实景夜间拍摄(图3-7),地点包括街道、地铁、公共交通工具等;节目以主持人即兴的叙述评论为唯一创作形式,主持人为图书做导读,复述书中经典段落、解读其中奥妙、阐释个人观点、分享心得感悟。《一千零一夜》推荐的书从古至今、从东方到西方、从文学到哲学、从历史学到社会学,等等,每一部书都很有代表性。梁文道是一位阅历丰富的文化人、传媒人,他身上的标签可以达到20种之多。他最有代表性的节目是在凤凰卫视播出8年之久(2007年1月1日至2014年12月31日)的直播读书节目《开卷8分钟》,这个节目被受众评为"目前世界上坚持期数最多的电视读书节目"。现在的垂直类节目《一千零一夜》"让读书回到人间",迄今播出200余期。梁文道不是将图书的主要内容、作者履历、创作背景等信息直接告知受众,也不是以朗读书中经典段落为主要构成部分,而是把自己反复阅读、咀嚼、体味、思考的内容分享给大家,有鲜明的个人观点和独特的思维模式。

图3-7 《一千零一夜》主持人梁文道

梁文道为"清流"般的节目赋予较高的收视价值和文化意义,将自己的思想、气质渗透在节目中,使节目具有不可替代的个性特点和独特魅力。梁文道的创作是不可复制的,因为带有鲜明的个人特质,但是这样的创作思路是可以被借鉴的。

第二节　以访谈为主要创作方式

访谈作为社会生活节目的常见主持方式，能充分体现主持人的语言功力。从 20 世纪 90 年代至今，荧屏上涌现出不少优秀的访谈节目，这些节目绝大多数是社会生活节目，如《实话实说》《杨澜访谈录》《鲁豫有约》《朋友》《半边天》《亚妮专访》《乡约》《朗读者》《等着你》《儿行千里》等。这些节目的主持人崔永元、杨澜、鲁豫、王刚、张越、亚妮、肖东坡、董卿、倪萍、何炅等也被大众所熟知和喜爱。

访谈节目以主持人与嘉宾的谈话为节目的主体，辅以视频资料，谈话主要有专访和座谈两种形式。访谈节目主持人的创作方式是，就主题对被访者或座谈对象提问、追问，对话轮进行梳理、总结、延展，串联及推进议程。

一、何亚妮在《亚妮专访》中的主持创作

网络上《亚妮专访》的视频资料屈指可数，这是一件令人遗憾的事情。

图 3-8　《亚妮专访》主持人亚妮

这里推荐一期以著名画家沙耆为主题的专访《寻找记忆》。为了探究这个谜一样的画家的生命轨迹，为了寻找和主人公相关的人和物，亚妮（图 3-8）走访国内外相关人士，搜集资料、记录历史。这期节目中，访谈部分，亚妮能够迅速地融入陌生的采访环境，可以和每一位被访者和谐融洽地交谈，她的专访没有常见的访谈套路，没有格式化的框架文本，所有内容都是在自

然亲切的聊天中顺势而来。

节目中,除访谈之外,还有亚妮的配音。她采用独白自述的方式,将各个节点用事实和感悟有机地串联起来,内容似记者手记。这里记录几个片段:

> 这个人和他的记忆全部丢失在过去的岁月里。没想到拍摄这个穿越70年时光,关于一个疯子画家的故事,让我们跨越东西半球,历时半年才得以完成。
>
> 一入7月,杭州酷热。浙江省博物馆的馆长陈浩约我见一对父子,要为我讲述一个跨越两个世纪近70年的传奇故事,故事的主人公与浙江省博物馆馆名题写者沙孟海先生有关。
>
> 我在博物馆的院子里见到这对父子,父亲叫汪继英,是浙江省博物馆的老馆长,儿子叫汪大川,在一家贸易公司当老总。看他们的神情,他们与这些画的关系非同一般。
>
> ……
>
> 画作有些年代了,能看得出修复的痕迹。画上角作者的名字"沙耆"二字,让我想起很久以前在老家宁波一个会画画的疯子的模模糊糊的传说,让我吃惊的是,这个传说中的疯子的画,如此具有西方表现主义的精道笔触,画面充满生气和光线魅力,这在中国画家中很少见。据说这是画家完成于20世纪30年代末至40年代中叶的早期作品,存量非常少。算起来沙耆快100岁了,人在哪里?这些画作从哪里来?画的背后是什么故事?我们从这对父子的一段经历开始说起。
>
> ……
>
> 汪大川的原名叫汪泽,我不知道他名字的更改是否与这件事有关,但有一点非常清楚,事实上由于汪大川,浙江省博物馆、浙江美术学院、中国美术家协会浙江分会才得以在1982年5月18日在杭州举办了沙孟海、吴作人题名的沙耆首次个人画展。横空出世

的极具强烈个人色彩和东方情调、几乎浓缩了从古典主义经浪漫主义再到印象主义直至抽象表现主义的画作,给当时的中国画坛带来了一次地震。有人说中国美术史应该改写,我不知道这一切应该功属沙耆,还是汪大川。

……

陈浩几乎断了我"寻找记忆"的路。但不知为什么,我当时坚信沙耆还活着。无论如何,这个叫沙耆的人应该给汪氏父子一个交代。

……

最后一张床上躺着的就是传说中的沙耆,这个局面是我万万没有想到的。无论如何沙耆是听不见了,医生说他无意识已经两年多了,老人什么时候"走"都是难说的事。游离在生命和艺术间的灵魂,是否在混沌中,在任何人都无法感知的时空里歌唱?不知为什么,我感到大师是安详的、自由的,这种感受和斑斓的色彩重叠,我想把它称之为交流。

在这个普通的临终关怀医院,没有人知道他的身世,这个服侍了他三年多的四川小保姆,听到我们把"艺术大师"和沙耆的名字连在一起,惊讶得半天说不出话来。沙老先生,我怎么才能细细地寻回你的记忆。

……

开车的这个人就是当年捡画的少年,已经45岁的汪大川,现在是一家贸易公司的老总,他从我这里得知沙耆住在上海的一家临终关怀医院,执意要见他一面。

……

这个画家叫沙耆,我们只知道他是徐悲鸿的弟子,曾留学比利时,在西方颇具影响,后来精神失常,1946年回国,从此销声匿迹。在寻找沙耆记忆的路上,他唯一的儿子沙天行是我们的向导。

……

事实上到这里,沙耆的身世及他如何在比利时成为非同凡响的画家,又如何成了疯子,疯了以后的情况,等等,我一片模糊,许多悬疑会在这次与沙天行的交谈中解开。

……

其实在沙耆回国时,是有人了解他在西方画界影响的。吴作人后来评价他在西欧治学严谨,敏求过人,蜚声海外,正在北平筹办北平艺术专科学校的徐悲鸿立即约聘他为教授,并发出聘书。然而,回国后的沙耆妻散父亡、老母年迈,孤苦中病情愈加严重。徐悲鸿一等再等,终也没能等来他钟爱的学生。在那个小山村里,癫狂的沙耆行走在他自己的世界里,自由无羁地做着他的大师,多少年后,那些执迷纯真以致抓狂的画作震撼画坛,"中国的梵高"由此而来。

……

在仅剩的这些零碎的沙耆日记文稿中,我无法读透这个艺术天才当时的所有思想和行为,但字里行间你能清楚地感到对他来说世界上只剩下两件事:画画和等待妻子。

……

这绚烂奔放,有着与梵高一般的刺痛人心的炽热与疯狂的画,是一个被称作疯子叫沙耆的人画的。91岁的沙耆现在躺在上海一家普通的临终关怀医院,没有人知道他的身世和经历,事实上,画家本人也早已在半个多世纪前失去记忆。我们寻回了沙耆1914年从宁波鄞县沙村出生,到1936年去比利时留学前的22年记忆。接下来我们要寻找的是他在比利时的十年记忆,这是沙耆一生中最为神秘和传奇的记忆。

……

这个人叫斯蒂凡·A,以写恐怖小说出名,又是个资金雄厚的实业家,在沙耆交往的几个极少的朋友中,他是其中一个。他不仅不断地给沙耆写画评,还在生活等各方面给予沙耆许多帮助和支持。他回答了沙天行的最后一个疑问:十年中沙耆为什么不回国?沙耆迷失在欧洲辉煌的绘画艺术中。

……

事实上,一个天才的结局不是在这个艺术的圣殿,而是回归了养育他的土地。这一束神奇的光辉,会照到后来沙耆生活了三十几年的那个叫沙村的老家吗?

从比利时回国的第二天,我就去了沙耆的病房。老先生,我不能寻找您在比利时所有的记忆,但您十年异国生活的孤独清苦和少有人及的辉煌的艺术成就,足以向你的家人交代,让世人震惊,我相信我和老先生在沉寂中做着交流。

我们寻回了沙耆1914年出生到1946年精神失常、从比利时归国的32年记忆,接着要找寻的是1946年到1997年沙耆被称为"疯子"的历史。生命和艺术,就在这段岁月中产生奇迹。

……

沙耆在沙村的老屋,后来5000元钱卖给了一个农民,农民又以4万元钱连同屋里的12幅壁画卖出,去年被政府买回,但壁画流落台湾。我们的片子播出两个月后,2005年2月15日上午10时10分,沙耆在上海田林医院逝世,享年91岁。

拍摄这个节目时,亚妮走访了很多人,有博物馆馆长、学者、农民、商人,更有画家沙耆本人。每一次对话亚妮都可以把握与对方心理合拍的节奏、表达方式,营造出令人舒适的谈话氛围。亚妮的解说和她的访谈一样,情感真挚、话语质朴、思想深刻,字里行间流露出她对人、对生命的关注与敬畏。

二、肖东坡在《乡约》中的主持创作

对农节目主持人不能太"时尚",否则不接地气,如果脚下没有泥就不可能同广大的农民心贴心地对话;他们也不能太"土气",农民朋友都在与时俱进,过于陈旧的思维和表达赶不上新农村的新气象。有着"中国第一农民之友"美誉的肖东坡从一进入电视领域就做对农节目,后于2003年在央视创办《乡约》栏目并担任制片人兼主持人。在此期间,他获得过诸多奖项,包括"中国广播电视节目主持人金话筒奖""中国电视60年60人"等,《乡约》栏目10余年间也是获奖频频。而且,他还担任着很多和"三农"相关的其他职务,这些荣誉和头衔都是他兢兢业业做对农节目、朴朴实实做农民之友的最佳佐证。肖东坡的主持中,语言充满乡土气息,态度真诚、热情、亲切,风格自然、朴实、幽默,其别具一格的主持为我国对农节目的主持艺术增添了一道亮丽的色彩。他在自己的《乡村笔记》中写道:"主持人要以个人独立的思想意识和对农村生活独特的感受为动力去主持农村节目,主持人的个人因素才会渗透到每一个细胞,并与节目相融,相生相长,形成自己的风格。"

图3-9 《乡约》主持人肖东坡(左一)

作为制片人兼主持人,他的思想和信念具化为一期期日常节目和特别晚会,具化为一句句主持词和串联语。《乡约》栏目和《乡约》晚会中,有许多贴近农民、趣味横生、庄谐皆备的有声语言创作。

比如,用顺口溜作为主持词:

> 三十饺子吃完了,初一全家团圆了,孙男弟女压岁给赏钱了,那么多好酒好菜解馋了。开开心心您也不烦了,打开电视您就得看咱了,东坡、小燕给父老乡亲们拜年了!鼠年到来我们沐浴春风

了,许多好事相继发生了,十七大胜利召开首都北京了,嫦娥一号奔月升上太空了,咱农村又出现不少百万富翁了……①

又如,用词牌方式写晚会颁奖词:

(《南歌子》)自古观齐鲁,先贤几辈出。圣哲橡笔著天书,岂有,三冬鲜绿给丰足。老骥耕园圃,英才史上无,改排春夏四时图,致富,神州盛誉老农夫。有请获奖者王乐义。②

乡约

图3-10 《乡约》节目现场

一直到2013年,《乡约》都是一档户外访谈节目,每期一个"田间地头",走遍中国乡村(图3-10)。2014年进行改版后,《乡约》成为一档户外乡村相亲节目,肖东坡自然就成了农民朋友的"红娘"。无论节目的内容和形式怎么变,肖东坡朴实幽默的话语和憨厚亲切的笑容都不会变,他的农民朋友贴心人的身份也不会变。

在《远山歌谣》一期中,他是这样和大家"开聊"的:

我现在是在江苏省张家港市凤凰镇凤凰山脚下。大家伙看我背后的凤凰山,郁郁葱葱、流水潺潺。(用语气制造紧张气氛)可是到了夜晚呢,就是竹林魅影、月黑风高,呜呜地刮着冷风,然后呢,嗷嗷地,密林深处还有鬼哭狼嚎的声音。假如说,这个时候你自己一个人独自行走在山间,突然发现背后有一个黑影在跟着你,你会怎么样?(接下来笑着说)我今天要把这个作为互动的话题来问问咱现场的观众。

---

① 肖东坡在农影中心"《乡约》晚会创新追求"中的主持词。
② 肖东坡在农影中心"《乡约》晚会创新追求"中的主持词。

接下来观众积极地和肖东坡互动,有年轻的姑娘边说边学"女鬼",意欲把这样的人吓跑,还有老妇人高声唱了一首极具当地特色的而且估计只有当地人能听得懂的山歌,说这样可以吓跑"黑影",惹得肖东坡笑说:"要是那黑影追着你,一听你(这歌声)……他就晕了!"现场农民朋友都开心地笑了。然后,肖东坡一收,进入主题:

> 你说在咱们河阳镇,听说还真有这么一个人,还真是晚上去追人,追人追了四里地。大伙儿想不想知道这是一个什么样的人?想不想知道?(现场农民观众热情地喊:想!)想知道的话,咱们"带"今天的嘉宾虞永良!咱们"带"老虞审上一审!

一个"带"字、一个"审"字呼应了前面开场白的"故事",幽默风趣。紧接着,响起"包青天"的主题曲,上来的主人公果然长相"应景":吊眉立目,却喜感十足。

肖东坡能深入人心、受到观众喜爱的特点是,和农民朋友们在"以天为盖,以地为舆"的"演播室"畅聊时那诚朴的话语、淳朴的笑声和质朴的装扮。在《光明日报》高级记者武勤英采写的《中国第一农民之友——访〈乡约〉制片人肖东坡》一文中有一段对他及他的主持的评价:"深入农村一线主持采访对农节目的职业生涯,肖东坡有着"农村后生"的淳朴、憨直和风趣,机敏和善、平易亲切,正是由于对广大农民朋友有着深厚的情感,才使得他发自内心的赞美、发自内心的钦佩、发自内心的理解与鼓励,形成了不饰雕琢、独具魅力的个性特征。在田间地头、河边山脚、炕头小院、葡萄架下与农民坦诚交谈,他善于在轻松和谐的语境中,利用远离城市喧嚣的宁静,将访谈过程变成心与心的交流。在每期节目中,他与全国各地的乡亲们一起,共同感受着每一位被采访嘉宾的酸甜苦辣、真实生动的人生历程,共同品味那一桩桩富有乡土气息、浓浓乡情的乡村故事。"2020年,《乡约》走入第17个年头,肖东坡一如既往,仍是广大农民的贴心"老友"。

三、张越在《夜线》中的主持创作

央视的《夜线》是一档心理直播节目,它解答人们情感生活的困惑,讨论现实存在的情感问题,策略性地完成人们共需共鸣的情感知识的传播。其主持人张越(图3-11)是访谈界的资深主持人,曾经做过名牌栏目《半边天》十几年的掌门人,在社会生活节目领域相当知名。她的主持个人特点鲜明——既理智又性情。她出身中文系,有良好的文字功底,逻辑清晰,语句畅达,叙述条分缕析,评论言近意远;同时,她的性格中又有直率爽快、不拘小节的一面。

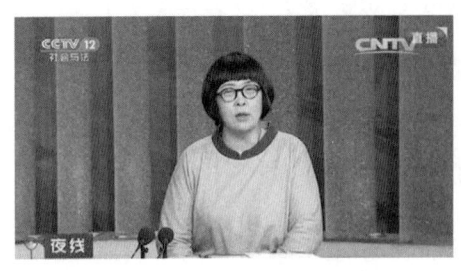

图3-11 《夜线》主持人张越

夜线:我要成功

《夜线:我要成功》这期节目,说的是一个刚刚成年的青年人,受所谓"成功学"的毒害,骗取他人钱财,走上违法犯罪道路的案件。我们看看张越是如何点评的,如何和嘉宾探讨的。

张　越:观众朋友,大家好,欢迎收看正在为您播出的《夜线》节目,我是张越。

如今这年头啊,满大街都是"成功学"的书、影视资料、培训班、速成班,到处都是讲"成功学"的讲师、大师,他们整天叨叨地说。跟他们学,真能成功吗?他们自己成功了吗?他们是怎么成功的?我们今天来说一个渴望成功的案子,一起来看。

……

张　越:观众朋友,正在播出《夜线》。这个徐某被人骗到,为骗子借高利贷,以至于最后放高利贷的都不能忍了,直劝她说,没有你这么借的,你肯定是让人给骗了。而徐某是个30多岁的成年人,而且是做了好几年微商的,她是有社会经验的。她能被一个简单的骗术骗到这个程度,原因只是因为看见了那个小骗子何某每天在朋友圈里面晒出自己今天又挣了几万,明天又挣了几万,后天又有辆豪车,她就坚信不疑,觉得人家是伟大的人物,跟着人家走,把钱给人家,自己一定能发大财。怎么可能是这个样子?其实不说别的,何某那个样子,我觉得打眼看上去,一般有社会经验的人都知道,不是什么正经人。徐某为什么会上当?何某到底是怎么想的?咱们接着往下看。

......

张　越:正在播出《夜线》。到场嘉宾:媒体人张彬先生,心理专家毕金仪女士,欢迎两位。

说说这个被害人徐女士,一个有社会经验的几乎近中年的女性,居然就这么贴上去让人骗得死死的;一个是那个骗人的人,就是他撒的那些谎之愚蠢,就是他什么都敢说,胡说八道,但是居然对方就信了!这是俩什么人呢?毕老师?

毕金仪:如果用一个成语来总结,这是俩什么人呢,我的总结偏向于"一丘之貉"。

张　越:我也觉得他们俩是,特别配套。

毕金仪:我刚才在整个看小片的过程,我就把我的感受给记下来了。有关这个女士我记了什么呢?首先,她说"我又不是异想天开做梦的",但是其实她就是异想天开做梦的。做的是什么梦呢?做的就是"蛤蟆想吃天鹅肉"这个梦。所以,其实我并不认为她是被骗了,我觉得她其实有一个特别如意的算盘,就是:她给出这钱一共是16万对不对?但是那个男孩给她的承诺是什么,那个男孩说,"我如果不能带你挣20万,我给你20万",所以她觉得她自己还有4万块钱的赚。然后,我们也能看到那个小骗子,简直就是非常手艺不精,根本不能骗得了谁。但是她那么笃信,不是小骗子骗了她,我觉得是她自己骗了她自己。

张　越:然后这小骗子又开始编悲惨的身世,又开始演苦情戏：当年我妈生病了，你看我妈去世的时候，我也没能拿出钱来好好地对我妈，都是我两个姐姐拿钱给妈妈治病，所以我就特别难过，所以我就需要挣钱……骗子全这么说话！

毕金仪：她妈妈去世了，他今年（2018）年才刚刚成年，所以当年妈妈去世的时候，对他来说应该是一个挺痛苦的打击。但是这件事就是最终到他这个骗局里面的时候，他居然编了一个骗局来骗这个女的的钱，是说他爸爸得了急病，跟那个女的要钱。

张　越：今天手术，明天手术。

毕金仪：这个说明什么呢？这个其实正好说明了他内心的这种冷酷。

张　越：失去了一个至亲的人，一般人你真是伤心，是不拿这个说事儿的。

毕金仪：是，反倒是要去回避的。所以其实他具备了所有做骗子的潜质，就是有意地把别人的想法往别处引去，营造能够让人受骗的这种气氛，然后内心很冷酷，这些都是作为骗子很需要的特质。

张　彬：应该说"成功学"一直是我们这个社会的一个毒丸，它困扰着很多人，这个毒丸它的效果是什么呢？它是以"速成"作为一个噱头，然后以这种名利作为它的药效，专门吸引一些急于成为所谓人上人的人，然后进行相应的一个，我们说诈骗也好或者进行一个洗脑也好，总之让你为了成功而上瘾。他首先是把成功局限在一个很窄的层面，什么叫成功？您开了好车了，您住上豪宅了，您年收入百万了，你就成功了，完全以物质利益作为衡量成功的标准。所以这种现象，其实我觉得它更重要的是一个社会现象。都是成年人为什么有这么多人信？就是他的世界观和他的价值观跟当下社会产生偏差，认为这个"成功学"就是人生的顶峰了。中国古人讲，"人之不如意者十之八九"。什么意思呢？十件事里有八九件都是不如意的。我们更多的是要让大家学会遇见不如意、遇到逆境的时候如何坚强,怎么摆正心态。成功用你教吗?如果"成功学"真有用的话,我们为什么不在小学开设这课程呢?我们为什么不在中学开设这课程?所以,持之以恒固然对,坚持一个信念也对,但是你要考虑到现实的情况,急功近利、以金钱为目的,最后一定是没有好的效果的。很多人都举比尔·盖茨的例子,说人家辍学了,成世界首富了。但是你去看看《比尔·盖茨传》,看看他自己写的东西,看看他从小到青年漫长的编程过程、他前瞻性的商业头脑、以及他的母亲在IBM广泛的人脉,这些因素综合在一起,最终实现了他的成功。

张　越:我相信所有的"成功学"会抓住两点,一点叫"辍学了",所以咱不用念大学,不用学习;一点叫"我妈认识人多",所以咱得拼爹拼妈。

毕金仪:你这正应了一句江湖老话:只看见贼吃肉,没看见贼挨打。

张　越:最后要说的是,有句话叫"开卷有益",在今天这个词已经不对了,因为如果写书的人心坏了,书也教人坏,不教人好。刚才张彬老师说的,什么成功学什么阴谋论,这样的书不读也罢!这样的课不学也罢!因为他们真的是社会的毒瘤,人心的毒药。

张越的主持,一方面,语言表达像日常交流,没有照本宣科地念台本,似乎是想到哪儿说到哪儿,情绪、态度呼之欲出;另一方面,语言内容逻辑清晰,简洁明了,通俗易懂,冷静犀利。无论是串联点评还是和嘉宾交谈,张越都能够准确把握主流价值导向,旗帜鲜明地亮出立场,使人听后感觉畅快淋漓、方向明确。

四、李小萌在《你好爸爸》中的主持创作

《你好爸爸》(图3-12)是2018年暑期推出的一个访谈节目,研究一个家

图 3-12　李小萌《你好爸爸》

庭中父母应扮演的角色,探讨社会转型期父亲的担当与困惑、欢乐与苦衷,强调父爱在孩子健康成长中的分量,引发人们深层次的思考。12 期节目邀请 12 位社会名人做深度对话,这是节目的主体;另外,采访百位素人,记录他们和父亲之间的故事,每人只播放短短几十秒,截取的都是内容精彩、情感浓厚的话语。

节目主持人李小萌,也是本节目的制片人,据说她为这个节目潜心研究了三年。李小萌在 2008 年汶川地震中的一次经典采访,深深地打动了电视机前的观众,她与灾民的真诚对话,采访后真实的情感流露,都展示了她的职业素养。这次做《你好爸爸》,李小萌在主持之外,更多地参与节目的前期策划。由于身兼制片人的角色,她对节目有全方位的了解,同时对节目有更多的掌控权,这个节目与主持人融合度较高,个性鲜明。

《你好爸爸》是典型的访谈节目,又加入了纪录片的元素,既有与名人的对话,又有普通面孔的心声吐露。李小萌在节目中的主持创作是典型的访谈方式,她与被采访人真诚对话——你说着我思考着,随时进行追问,随时表达我的见解,随时变换角度探讨。但不同之处在于,她还有和受众"面对面"直抒胸臆的内容。这个"面对面"不像常规的起到串联功能的主持叙述,而是在一个访谈话轮之后,主持人李小萌一个人面对镜头,谈一谈自己对前情内容的阐释、感悟、思考,这很像对受众的一种"倾吐",体现出强烈的交流愿望。这个设计一方面可以给主持人一个及时反应的空间,去交流自己的观点和想法;另一方面符合小屏终端受众的收视心理,具有更强的心理冲击力。

"当好爸爸"是一道世界性的难题,是一道对所有男人都具有挑战性的命题。李小萌和 12 位嘉宾深度对话,谈他们与自己爸爸的关系,谈他们自己的育儿理念,"一起向生活求救"。

在对话故事大王"凯叔"一期中,王凯谈到了少年时期与父亲的冷战,直言"弑父情结",对此李小萌发表了如下的感慨:

> 弑父情结,什么是弑父情结?就是把爸爸"干掉"。弗洛伊德总结了,弑父情结是一个人在成长中必须经历的一个阶段,通过挑战权威实现自我的成长。但是就这么生动地把这四个字说出来,尤其是在讨论与父亲之间关系的这个话题,我还是蛮吃惊的,也很感谢他。同时我也想,如果每一个父亲都知道所谓"弑父情结"是客观存在的,那么再当你的孩子挑战你,青春期的叛逆,或者说进入冷战状态,我不知道,因为我是做妈妈、做女儿的,我不知道爸爸们是不是会有不一样的一些反应,不一样的一些想法。我不知道。

你好爸爸:对话故事大王"凯叔"

在对话文化学者钱文忠的过程中,李小萌说出了自己的思考:

> 在跟钱文忠聊天的过程当中,我觉得我有点左右摇摆,当他说父爱也可以像母爱那么琐碎的时候,也可以去陪伴你、可以去聆听的时候,我觉得对,也应该像母爱那样去细腻地表达;但当他说,即便你平常不陪伴、不表达,但是在孩子最关键的时刻,你能像一堵墙一样给他支撑,我也觉得是对的。所以看来,父爱真的是多面的,可以做的方方面面非常多。都做到是不可能的。做一条,算一条。

你好爸爸:对话文化学者钱文忠

与中国"狼爸"萧百佑对话之初,李小萌持对其教育方式的反对立场:

> 是的,当孩子浪费粮食或者不经允许拿了同学的东西,作为父母,我们要跟他们沟通,或者引导,或者管教,但还要不要用"打"的方式?我在想为什么有不少父母都愿意像"狼爸"那样,选择用"打"来解决孩子的行为问题?这里边有一个逻辑就是,"打"会更有效率,所谓一次成功、一次见效,让他记住,对吗?但是,教育是不是时时处处追求效率的一件事儿?即便孩子出现了问题,我们不能靠沟通、靠讲故事、靠换位思考来跟他们沟通吗?在愉快的氛

你好爸爸:对话"狼爸"萧百佑

围下,或者说平和的氛围下,不能解决问题吗?"打"是可以马上见效果,但你最难评估的是,在他心里,在他长远的人生中,是否会留下对权威的惧怕,对自己的不认同,对自尊的"践踏"——这个词可能用得重了,也请"狼爸"理解我的立场。但我觉得"打"不是(好的)方式,不是唯一的方式。另外,当"狼爸"说到他跟孩子之间的关系是"君"和"臣"的关系的时候,我也蛮吃惊的。我没有想到他会这样去界定自己跟孩子的关系,但我当时没有马上"蹿"起来,因为我记得我进他家,看到墙上那些家庭生活照的时候,传递出来的是非常温馨祥和、平等和睦、夫妻恩爱的气氛。所以我在想,也许一个人向外说的自己的理念、自己的想法和自己每一天每一分每一秒的行为不一定是吻合的,我们接着往下听。

然而在访谈的过程中,随着内容的不断深入和丰富,她逐渐改变了对萧百佑的看法,更多地理解了这个所谓"狼爸"的一颗慈爱之心:

见到"狼爸"之前我说了,我心里有一个巨大的疑问,我相信好的教育一定不是"打"出来的,打出来的一定不是好的教育。当谈话进行到这个时间,我觉得我已经释然了:"狼爸"教孩子真的不是"打"出来的,可以说,至少从他的表述中,我们可以感受到他做到了一个好爸爸所有的标准——从小的陪伴,从喂奶换尿布开始,四个孩子无一例外,尊重、平等、沟通,引领建立规则、执行规则,并且爱他们的妈妈,让孩子看到爸爸是爱妈妈的,家庭的稳定,把社会生活介绍给孩子,等等,这些都符合一个好爸爸的标准。"打",可能只是他的一个小小的"拐棍"而已。那如果很多的父母看到所谓标题党说的,你看"狼爸"是这样做的,"一天三顿打,孩子上北大",我们就"打"就好了,"打"就能打出人才。而那些他没有说出来的功夫,你没有做的话,我可以非常笃定地告诉你:一定会出问题的!

基于理解之上的沟通就更加深入,李小萌继而和"狼爸"开始探讨如何

"打"孩子：

> 我一直说我是反对打孩子的，但是在跟"狼爸"的交流当中，我还问到了他怎么打孩子。你可能会说，这不是自相矛盾吗？一边反对，一边又讨论打孩子的方法？因为我发现，有相当数量的父母还是相信体罚的，相信通过肉体上的疼痛能够让孩子记住不再犯相同的错误。那如果现实就是如此，怎么样把体罚带给孩子的内心的伤害降到最低？我想至少不应该是父母宣泄自己的情绪的一个渠道，不应该是对孩子人格上的不尊重，不应该是没有边界的暴力。那"狼爸"是怎么做的？

每次对话结束，李小萌都要面对受众重复那一连串的提问，也是一连串的思考：

> 你爱爸爸吗？你恨爸爸吗？你接受爸爸了？你还在跟爸爸冷战？要不要给爸爸一个拥抱？继续给他冰冷的背影？爸爸，儿子。儿子，爸爸。我想想，你也想想。

这个节目虽然没有"爆红"，但是这个"小而精"的访谈节目，使人的心沉静下来，进行一些思索和感悟。

第三节　以体验为主要创作方式

体验式的主持方式，其部分工作内容和新闻记者的工作有共通之处，比如发现、探究、梳理、报道等，但又有个性化的工作内容，比如：作为参与者真实体验过程，边操作实践边用有声语言同步表述出来，个性突出的感受及评论内容，个性化的语言表达方式等。如果说新闻记者是站在第三方角度去客观报道，那么社会生活节目主持人的体验方式则是"浸入式"的主客观相结合的报道,其主观感受占比更高,语言表达独特性更突出,报道者的个体形象更为立体而丰满。

一、陈鲁豫在《千禧之旅》中的主持创作

图3-13 《千禧之旅》采访车队

图3-14 《千禧之旅》主持人团队

图3-15 《千禧之旅》主持人陈鲁豫(左)

1999年,20世纪末,凤凰卫视制作了一个特别节目——《千禧之旅——从奥林匹克到万里长城》。这是一次跨越千年的文化之旅,拍摄历时4个多月,跨越4万多公里,走访10个国家,探访四大古文明发源地和三大宗教发祥地,被誉为"世纪之作"(图3-13)。这套节目特别邀请了学者余秋雨作为文化顾问一路参与,主持人队伍则由当时凤凰卫视最有实力和最具代表性的几位主持人组成,包括许戈辉、陈鲁豫、吴小莉、曾静漪、李辉等(图3-14)。她们在"游历"的过程中,一边寻找一边发现,一边描绘一边评论,一边讲述一边感悟,圆满完成了主持任务,也为体验型的主持创作提供了教科书般的范本。这里主要分析一下陈鲁豫在节目中的有声语言创作。

陈鲁豫从20世纪90年代至

今,始终活跃在主持一线,她进入大众视野是因为独树一帜的"说新闻",被人们熟知是因为《鲁豫有约》系列访谈节目。《千禧之旅》是一个特别节目,陈鲁豫主持了两集,她凭借优秀的语言组织和表达能力、现场捕捉和报道能力,出色地完成了主持任务,我们来看看鲁豫在《千禧之旅——伊朗》的几段体验报道和解说:

在阿拉萨德地毯学校,鲁豫的介绍和描述都非常清晰具体,主持自然娴熟。

现场:在德黑兰,我们随时随地都可以见到编织得美轮美奂、让人叹为观止的波斯地毯和挂毯,很多伊朗人非常骄傲地告诉我们,波斯地毯是他们生活的一部分。所以在德黑兰,我们这次专门要来参观这样一间有40年历史的著名的地毯学校,名叫阿拉萨德。这里呢,是这所学校附设的一间博物馆。博物馆的面积不是很大,但里面陈设了很多编织得相当精美的波斯地毯和挂毯。像我身后这一幅巨大的作品,它的长有3.15米,宽有2.6米,一共花费的人工高达15045个小时,如果你仔细数的话,应该能够数出870种颜色。从这幅地毯可以看到,上面的每一个人物的细节、形象、表情,都塑造得非常生动,它是选自波斯的著名诗人费尔多希的一本著作,名叫《猎王记》。

千禧之旅:
伊朗

现在站在我身边的是阿拉萨德先生,这个地毯学校是他的父亲创办的。他现在在给我看很多很珍贵的资料,是当年由他爸爸亲手编织的波斯地毯的一些照片。很可惜啊,很多照片都被烧了,因为当年这个学校遭过一次大火,他们从火里面抢救出了一些很珍贵的历史资料。从这些照片中,我们也看到很多很有意思的地毯。像这一幅,是编织出来的美国当年的总统小罗斯福的一幅波斯地毯。你看,跟照片或者是油画一模一样,甚至很多细节可能远远高于照片和油画。另外呢,还能看到很多领导人,像是科威特国王,还有(依照)沙特国王编织出来的波斯地毯,还有很多是用波斯地毯做成的广告画,像这一幅"大众"车的,还有编织出的苏联的著名画家的一幅《拾穗图》的画。

解说: 每条地毯都要出自画在这种小方格上的设计。千万别小看这种设计,因为每一条名贵的波斯地毯都是出自著名的设计师之手。这些设计师的地位在伊朗人的心目中,就好像毕加索一样的大画家,让世人崇拜。这里就是编织地毯的操作间,许多伊朗妇女都来这儿租用编织机器,在老师的指导和帮助下为家人编织地毯。真正的波斯地毯都是手工制成的,有的需要几十万个小时打几百万个小结,才能够织成。伊朗人认为,用机器织的地毯,再好看也难登大雅之堂。

有人说,波斯地毯就流在伊朗人的血液中,她们编织的灵巧和娴熟都是天生的。看着她们心灵手巧的样子,我也忍不住要试一试。

不过,当她忐忑地尝试编织波斯地毯时,却"暴露"了本色。

现场: 打了一个结,把它给切掉,基本上是一个结一头汗!好,再来一次,再准备出一身汗。我给中国妇女丢脸了!中国妇女也是以灵巧著称的嘛。(操作)天呐!我现在有一个想法,《千禧之旅》我很想走完,但我很可能留在伊朗德黑兰,就留在这个学校学习编织波斯地毯。然后我同事给我留了一个任务,就是让我把"凤凰"大的标志编织出来,我说可以,那你们30年以后来接我吧,估计30年以后"凤凰"标志应该织好了。

自嘲一番,反而让人忽略掉她"笨拙"的双手,体会到一位年轻女性的可爱。

去里海的过程中,鲁豫的几段报道能够让人感受到其非常充分的前期准备,资料都已经存储在脑海中,所以讲起背景信息自然信手拈来。

解说: 在过去,里海只是地理书上一个不太陌生的词汇,而今天我们就要驱车前往,一睹庐山真面目了。里海盛产石油和天然气,因为被视作宝库,所以周边几个国家曾为它的归属问题打得不可开交。在伊朗属地里海附近有著名的油田,而且沿海地区还是粮食重要产区,另外因为这里盛产桑树,所以里海还是伊朗的养蚕基地。车行不久我们就上了盘山路,车队一直在山路上行走,但山路之崎岖险峻,都是我们不曾想到的。不需要走"三百六十五里路",我们就经过了"春夏秋冬",可见山势的险峻。银色的雪山近在眼前,在车的带动下,我们的视线离它越来越近,这样的景色让人终生难忘。

现场:这一路我们只经历了一个季节,就是夏季,几乎所有人的皮肤都被中东的阳光晒得黑黑的。只有到了这儿,我们才第一次看到雪,大家也可以看到我身后的雪山,这让我们意识到,此时此刻在中国的北方已经是冰雪皑皑的冬季了。这也是我们进入伊朗以后,我第一次感到戴头巾的好处,因为这里真的是挺寒冷的。我身后的雪山名叫艾尔波茨,它一直连接着喜马拉雅山脉。现在我们在的位置海拔大概是2000米左右;德黑兰是一座山城,它的海拔在1200米左右;等一下为了到里海我们要翻过这座山,山顶处,大概海拔在3000米的样子;而里海的高度是海平面上下。所以,这一路我们高高低低,起伏会非常非常地大。另外,等一下我们在通往里海的路上,翻过这座山以后,还会经过一片很漂亮的原始森林,那附近有一条公路名字叫"2000",而这个名字和我们《千禧之旅》行程的名字也有很大的关联。大家看看我身后的这个雪山,这个雪现在是新鲜的雪,因为雪有两季。另外,我们在德黑兰看到很多的水,那里面的水全部都是从这个雪山上面下来的。

解说:走过雪山,我们的车队又别无选择地扑向了云雾,我们在渐入仙境的旅途中,又为每一个司机捏了一把汗。

现场:(在行进途中的车上)从我们《千禧之旅》行程开始到现

在,我们一路用的交通工具就是这五辆经过改装以后很漂亮的吉普车。通常在开车的时候,我的任务就是坐在后座睡觉,养精蓄锐,另外,给前面的正副驾驶能够递一点儿吃的和水什么的。不过这一路上我一眼都没有敢闭,因为这一路的情况不是太好,很紧张,每一个弯度都很急,而且这一路到现在我们开了大概有三个多小时了吧,经过了积雪的路面,很滑,另外,有一段我们还是在云中穿行,能见度非常地差。进入伊朗已经一天多的时间了,我们所有人的最深的感触就是,伊朗人开车特别地"猛",比如说他们在换线的时候,根本没有习惯打灯,所以我们一路都很紧张。现在我终于明白为什么了——他们完全是在山路上面练就了一身的好功夫,所谓"艺高人胆大"。这一路我们这五辆车的正副驾驶估计都特别紧张,几乎每个人都是捏着一把汗。现在我们这个山路还是没有完全走完,前面还会有将近两个小时的路,还是比较紧张的。

解说:早上7点出发,一路辛苦,我们终于在下午2点到达里海。或许路途遥远,行路艰难,里海赋予了我们这十几位东方客人更深的内容。

现场:(下车,关车门,冲着里海兴奋地大叫一声)你看!我们终于来到了里海!《千禧之旅》开始之后,我们的车队曾经开到过地中海的旁边、红海的旁边、死海的旁边,今天,我们终于来到了里海的边上。今天天气很阴沉,我们感到风浪也很大。里海地处欧亚交接处,它是位于中亚外高加索还有伊朗的中间,整个里海的海岸线长大概有7000多公里。里海的资源非常丰富,有很丰富的石油储量,天然气资源被人称作"21世纪的第二个波斯湾"。目前里海沿岸有五个国家,因为每个国家的发展战略、地位不尽相同,所以地域问题还有水域划分问题,也是一直争执不下。不过,此时此刻站在里海的旁边,有关里海的纠纷,或者由此有可能引发的紧张气氛,我完全感受不到,唯一能够感受到的是里海的雄浑美丽。另外,有一点我知道,如果向那个方向开车的话,从理论上讲我们可以一直开到中国。

无论是路途中的即兴述评,还是指定位置的叙述感慨,抑或是如记者手记般的解说,鲁豫都可以做到有内容有情绪,有观察有思考,有观点有态度,整个行程中的报道展现出她过硬的有声语言创作能力。

二、徐滔在《法治进行时》中的主持创作

《法治进行时》是一档法制类社会生活节目,其主持的创作形式主要是在专题小片之间做串联。节目主持人兼制片人徐滔(图3-16),可以说是目前我国法制类节目最优秀的主持人,因为她不仅能够称职地完成主持、记者的工作,更重要的是还屡次冒着生命危险深入犯罪现场(图3-17),有时甚至成为整个侦破、解救行为的积极参与者。

图3-16 《法治进行时》主持人徐滔　　图3-17 《解救人质现场》主持人徐滔

在她的主持工作中,有一个经典案例是必然要提到的,就是特别节目《惊心动魄22小时——北京警方成功解救吴若甫被绑架案件纪实》。这个节目全程记录了北京警方解救被绑架人质、演员吴若甫的行动,曾荣获中国电视金鹰奖短篇电视纪录片优秀作品奖、纪录片最佳录音奖,并荣获第十届中国电视纪录片学术奖短片一等奖等荣誉。"众所周知,此类绑架案件的侦破

一般不允许新闻单位的记者随警采访,但《法治进行时》不仅凭借多年与北京警方默契合作建立的信任再次获得了绝对独家的报道机会,而且由5路记者拍摄下了警方在同一时间不同地点侦破此案的第一手素材。这是记者冒着生命危险拍摄的一部震撼人心的作品","可以说记者和民警承受着同样的危险。不仅如此,由于案情发展瞬息万变,精彩瞬间一闪即逝,记者又必须成为现场的思考者,随时判断、取舍",徐滔和她的团队充分体现出过硬的职业素养。

开篇一段,徐滔是在采访车中一遍完成的,事态紧急,危机四伏:

法治进行时:惊心动魄22小时

我是《法治进行时》的节目主持人徐滔。现在的时间是2004年2月3日的凌晨3点,就在2个小时以前,我们大家都十分熟悉的影视演员吴若甫在从豹豪酒吧出来之后被三个不明身份的男子劫持。豹豪酒吧位于北京市朝阳区,是一家昼夜营业的酒吧。大家顺着我手指的方向就可以看到豹豪酒吧,闪着红色霓虹灯的那个地点就是。我们是在半个小时以前接到了北京警方的通报。在电话里民警向我们简单地介绍了一下吴若甫被劫持的情况:那是在2个小时以前,也就是2月3日凌晨的1点多,吴若甫和几个朋友谈完事从豹豪酒吧出来,这时迎上来三个陌生的男子,这三个男子自称是北京市公安局丰台分局的民警,他们说吴若甫曾经交通肇事逃逸过,要求吴若甫跟他们回分局接受调查。那么在遭到吴若甫的断然拒绝以后,这三个男子掏出了手枪强行把吴若甫押上一辆桑塔纳2000型的轿车。见此情景,吴若甫的朋友拨打了110报警电话。接到报警后,北京警方经过核实,发现这三名男子是冒充民警。马上,北京市公安局刑侦总队和朝阳分局就组成了专案组。在电话里,民警还告诉我们,经过两个多小时紧张的工作后,目前这起案件已经有了重大的突破。还有一点就是,民警在电话里嘱咐我们,说现在豹豪酒吧周围的情况还不是特别明朗,不知道是否还有犯罪嫌疑人在附近打探消息,所以我们不能下车为您做现场报道。那么下面呢,我们要到专案组去看一下这个案件的侦破情况。

徐滔的现场报道条理清晰,表达流畅,态度鲜明,一气呵成。受众会忘记主持人本身,而全神贯注于内容,但又绝对不会认为主持人可有可无或者多余,因为她的报道已经成为事件的一部分。

(专案组办公室,侦查员正在商量案情)

刚才大家都已经看到了,专案组的工作的确是非常忙碌的,而且已经过去的两个多小时中,侦破工作也的确卓有成效。现在警方初步怀疑照片上的这个男子就是涉嫌绑架吴若甫的犯罪嫌疑人。资料显示,这个男子叫王立华,27岁,北京人。1995年,王立华因抢劫罪被判处有期徒刑9年,2002年释放出狱。那么警方为什么怀疑王立华是绑架吴若甫的犯罪嫌疑人呢?这要从去年发生在北京平谷的一起绑架案说起。去年9月1日,北京平谷有一个姓王的男子被绑架了,可是犯罪嫌疑人在拿到了王某父亲的300万元赎金之后并没有释放王某,而是和王某一起消失得无影无踪。今年春节刚过,这伙犯罪嫌疑人又绑架了王某的弟弟,由于王某弟弟的奋力反抗,这次绑架案未遂。这两起绑架案件发生之后,北京警方进行了缜密的侦查,并且将犯罪嫌疑人锁定在了王立华的身上,可是由于王立华非常地狡诈,最重要的原因是人质王某一直在王立华的手中生死未卜,所以,民警只能艰难地搜寻着最佳的抓捕时机。而吴若甫绑架案件发生之后,民警发现犯罪嫌疑人无论是作案的手段,比如说都是冒充北京市公安局丰台分局的民警,还有作案的工具都是持枪,另外都是开着桑塔纳2000型轿车,所以一下就联想到了王立华,那么刚才专案组又进行了一个非常重要的工作,就是请吴若甫案件的报案者,也就是吴若甫的几个朋友进行了辨认,结果报案者从一大堆照片中一下就挑出了王立华,由此警方断定绑架吴若甫的犯罪嫌疑人就是王立华。刚才好多组侦查员都已经出发了,他们要趁着浓浓的夜色去摸王立华的落脚点,我们的几组记者也都跟着跟了过去。

这一段报道是对事件背景的梳理和对进程的表述,篇幅不短,头绪较多,徐滔将其呈现的逻辑清晰,井然有序。

当人质获救,徐滔紧跟着特警进入犯罪现场,徐滔握着吴若甫的手说:

你好!没事了,没关系的,真的没事。生命会永远跟你牵手的。你看民警来得多及时。早就知道你肯定没事,放心吧。这么多人都特别惦记着你呢。你看北京的民警。没事,坚持住。

"牵手"这个词是最核心的,顺理成章,也颇具意味,因为这个词对当事人来说具有特殊的意义①,对当时的受众来说也是再熟悉不过了。简简单单的话语,既对整个事件做了点评,同时也使主题得到升华,言辞恳切,深入人心。

最后,主持人结语是这样的:

在经历了惊心动魄的二十几个小时后,我们突然感觉到,今天本来就是个让人们感觉到温暖的日子。因为,今天是2月4日,也就是正月十四,是立春。刚刚过去的二十几个小时前,北京刑警已经用他们特有的祝福,为京城平添了几分春意。

主持人的语气温和平静,但是放在刀光剑影的刑侦现场、生离死别的残酷背景下,主持人作为女性细腻的情感、细致的观察和温暖的话语更为突出。

北京电视台的《档案》栏目曾做了一期《解救吴若甫 惊心动魄22小时》,由石凉主持,节目中援引了《法治进行时》的片段,我们可以将二者对比分析并进行学习。

档案:解救吴若甫惊心动魄22小时

---

① 《牵手》是由杨阳执导,蒋雯丽和吴若甫主演的家庭伦理剧。

三、汪洋在《四海漫游》中的主持创作

北京电视台的《四海漫游》是一档文化旅游节目,介绍国内外的人文、自然、地理、文旅资讯,涉及经济、历史、文化、艺术等各方面,并且提供具体的旅游服务信息,将旅游与文化结合在一起,为旅游增添文化深度,让文化鲜活可感,其主持人的任务就是在文化旅途中边感受边体验边分享。不同于《千禧之旅》这种"大制作"的特别节目,它是一个常规节目。主持人的语言创作偏重口语化、生活化,轻松感、亲切感更强。《四海漫游》的外景主持人有多位,其中汪洋的表达可圈可点,我们来分析一下。

《四海漫游:非凡英国 非凡文化》共有三集,我们选取第二集中的几段主持和解说进行分析。

在大英博物馆,探究莎士比亚身世之谜。这一段说到莎士比亚的墓志铭背后的故事,汪洋先是选取了一些具有智慧和趣味的墓志铭做引子,使这样一个话题平和而生动地被抛了出来,同时也侧面反映了西方的墓志铭文化。

四海漫游:
非凡英国
非凡文化

现场:(大英博物馆内)在历史上,有很多名人,他们在墓碑上刻的文字都非常有意思,比如说数学家欧基米德,他在墓碑上刻的是他发现的一个重要的几何公式;玛丽莲·梦露,她在她的墓碑上刻上了自己的三围尺寸;还有大文豪萧伯纳,那就更逗了,在他的墓碑上开了个玩笑说,"无论我活多久,这件事情注定还是要发生的"。那你们知道莎士比亚,他的墓碑上刻的是什么吗?"令我安息者,必将得到上帝的祝福;迁我尸骨者,必将遭受诅咒。"莎士比亚,他到底为什么这么担心呢?

在英国的"奢华地标"——伯灵顿街上,汪洋探访了百年衬衫老店,观察和感受"近乎完美的手艺和绅士一样贴心的服务",体会和感悟传统全手工制作秉承的"手工精神"。他在体验过程中的表达,注重细节的描述和与镜头的直接交流。

解说：在英国，非常昂贵的东西似乎都有贵的道理。在这里，越是奢侈品，越标榜着"全手工制作"，越手工，越尊贵，当然就越值钱。在英国，这叫"手工精神"。提到"手工精神"，就不能不想到从小说到电影里，西装礼帽、衣冠笔挺的英国绅士。做绅士不仅要知书达理、能文能武，更重要的是一身行头丝毫错不得。比如说一件量身定做的英式衬衫，它究竟与众不同在哪里呢？

现场：（伦敦 Turnbull&Asser 衬衫店）这家衬衫店在英国非常非常著名，是专门为贵族和皇室去定做衬衫的，因为在历史上有很多名流都来这里定做过衬衫，比如说著名的丘吉尔先生、威廉王子、查尔斯王子、里根总统、克林顿总统、布什总统……历任007，无论是他在电影里穿的衬衫，还是他日常选择的衬衫，都会在这里定做。

解说：这家创立于1885年的百年老店，可以说是英国最好的衬衫店，虽然他有皇室的认证，还有无数名人的推波助澜，但能够百年屹立不倒，其实最主要的原因还是这里近乎完美的手艺和绅士一样贴心的服务。

现场：其实你看，咱们在国内去做一件衬衫，大概会量6到7个尺寸，据说在这家店里量尺寸会非常地夸张，多数可能达到十几甚至二十几个尺寸。我觉得光是领子这一块的尺寸，他至少量了得有五六个。做个衬衫，为什么还要量我手指头的长度呢？这是为什么？好细啊！

（边接受老师傅量尺寸边说）他会观察你，你的站姿，有些人会站得跟士兵一样非常挺直，有的人站得就比较松懈，他会根据你的状态去做你的衣服尺寸，这样能让你的衣服更加合身。连这都考虑到了！他量一件衬衫最少也需要15个尺寸，如果有些人要求更多一点，比如说我要一个兜，这里要收一下，那里松快一点的话，他会量更多更多的尺寸。太细了！女士会更复杂一点。刚才我一直在奇怪,他为什么要量我大拇指的长度。他问我说,你是平时用右手去书写吗?我说是。他说,那你的右手就会比左手要长1/2个尺寸。所以,他两只手,连手指的长度都要量出来。

解说:就像中国的百年老字号一样,英国的老字号同样也会有经验丰富的老师傅,而且他们还有自己的秘密武器。

现场:(看着老裁缝在展示自己的剪刀)这把剪刀已经有100年的历史了,是专门属于这位老先生自己用的,每年都要把这个剪刀拿去做保养,然后上边重新镀一层保护层。这个感觉真的就像是一个士兵对于自己的枪,一个大厨对于自己的菜刀,那种发自内心的热爱和喜欢。他拿两把剪刀让我去听一下,好的剪刀和一般的剪刀,它划过的那个刀刃的声音都是不一样的。像这把剪刀他剪的一瞬间,感觉真的像中国的宝剑出鞘,"仓啷"!就那样一声,特别清脆、特别锋利的声音。

……

现场:(换上英式衬衫,从更衣间走出来)真是人靠衣装马靠鞍,觉得自己都不一样了。这种量身定做的衬衫,跟你去市场上买到的衬衫的感觉,绝对是完全不一样的,你会觉得真的像你的皮肤一样,完全贴合你的身体曲线。反正我不知道你们看着怎么样,我自己看着镜子,觉得明显上了一个档次嘛。关键是,这件衣服还不是为我定做的,而是他们照着我的尺寸找了一件大概差不多的。我相信如果完全按我的尺寸做,那感觉可能更不一样了。

……

汪洋作为一个文化旅游节目的主持人,在剑桥大学游览时,讲述风景背后的文化,讲解传闻轶事蕴藏的哲理,表达自然从容、积极生动。

现场:(剑桥大学校园)一说到牛津和剑桥,我相信很多人想到的都是两所著名大学,在英国,这也是两个城市的名字。剑桥大学根本不是我们想象中那种完全封闭的、有四面围墙的大学,它是开放式的,可以说是散落在城市各个角落,所以有时候我们甚至无法分辨出走这条路是属于城市还是属于大学了。

(剑桥大礼堂内)在这个大礼堂的两侧墙壁上有两个非常独特的徽章,左边这个是牛津大学的校徽,右边这个镶嵌的是剑桥大学的校徽。这两个校徽有一个小细节,特别有意思:牛津大学的校徽,那本书是开着的;剑桥大学这个校徽,这本书是合上的。牛津大学就说剑桥大学,你看看你们学生太无知了,书永远都关着,就不知道看一看;剑桥大学就反驳说,我们不开是因为我们所有知识都记在脑子里了,你看看你们学生多笨呢,书是开着的,但你都懒得翻一下,你看,书页翻动过吗?

解说:打归打,闹归闹,结果是牛津携手剑桥,名列英国众多名校的NO.1(第一),系数是满分的5.0,像什么诞生无数政要的帝国理工大学也只能以4.8屈居第二了。所以那话怎么说来着?"伟大的前提是拥有伟大的对手。"那您说剑桥的伟大之处又在哪儿呢?总结起来就一句话——没有老师就是最好的老师。

现场:(剑桥大学荣耀之门)在剑桥的这所学院,有三道非常著名的门:第一道叫作"谦卑之门",寓意着每一个进入学校的学生都要保持一颗求学者的心态,用谦卑的心向人学习。第二道门叫作"美德之门",就是你在学校这几年时间要不断去培养自己,发展自己,让自己各方面都得到提升。第三道门非常重要,就是我身旁这道门,虽然看起来没什么特别的,但是这道门有一个非常辉煌的名字,叫作"荣耀之门",因为只有你在这所学校各个方面都得到了发展,不断提高,获得一个非常好的成绩,简单点说吧,就是"德智体美劳全面发展"了,你才有资格从这里毕业,也才有资格从这道荣耀之门走出来。

解说:正是靠着严格的考核机制和对荣誉的无上追求,剑桥一共走出了90位诺贝尔奖的获得者,如果单纯只看数字的话,远远超过了牛津的57位,同时也名列世界第一。但是您千万别以为剑桥的学生都跟书呆子似的,只会读书,因为在获得诺贝尔奖最多的三一学院,你会看到剑桥的另外一面。

现场：(剑桥三一学院)这个地方是剑桥著名的三一学院,你看大门上很明显的位置有一尊塑像,这塑像是当时大学建立的时候英国国王亨利八世的塑像。如果你仔细看,那塑像头上戴着金色的王冠,左手拿着象征王权的宝球,但是你再看他右手,本来右手拿的应该同样象征皇权的法杖,但是现在拿的是一个椅子腿儿。据说,这个学校在建校之初就有学生偷偷爬了上去,把这个权杖换成了一个椅子腿儿,然后校方把它换回来了。但换回来之后就发现,每换一次就会有学生跑回来,继续把这个权杖脱下来,换回成椅子腿,所以最后学校索性放弃了。于是,这椅子腿儿一留就是几百年。

四、傲然、张子希在《我爱我车》中的主持创作

专攻汽车领域十余年,矢志不移,北京电视台的《我爱我车》栏目可以说是非常具有代表性的了。栏目内容专业丰富,包括车市时评、新车体验评价、车坛资讯,还有"爱车有道""淘车服务站"这样的服务信息版块。

两位年轻的主持人分别是傲然和张子希(图3-18)。他们在这个节目中最大的亮点就在于"专业性"突出。他们不是汽车专家,但是由于长期的"浸泡",他们对于自己所主持的领域了解颇深,即使深度不够,其广度也是足以胜任此节目主持人的。他们对汽车领域的知识、常识和前沿信息掌握得比较全面,这使得他们在描述汽车或相关话题时能够恰切到位,做点评时能够有个性化的见解。

图3-18 《我爱我车》主持人傲然(右一) 张子希(左一)

我们来看一期日常节目中,他们对奔驰 S450L 的体验介绍。傲然负责车的外观及内饰的介绍。她先后站在车外和进入车内,通过观察、感受,分享对车的静态体验。

我爱我车："微整"过的运动型奔驰

今天的"大驾光临",我们试驾的这款车,大家看到了是奔驰的 S450L。它跟迈巴赫相比呢,可能少了一点点那种极为优雅的感觉,模特的演绎可能也是相对没有那么的淋漓尽致地优雅,而取而代之的,可能是相对更加运动和休闲一点。

其实现在这款车,2018 款,它的变化可能大家觉得好像很难找,实际上它是有一些细微的调整的,我们简称就叫"微整"好了。其实在车头,这个"面子"上就可以看出来一些端倪。比如说,它的前脸,这款车,新的 S450L,它前面依然是横向的这个镀铬装饰条,跟迈巴赫是一样的,原来是四条,现在改成三条。然后我们再看到的就是它的灯,这款车它的前灯呢,我们会习惯地说这叫"三道杠"是吧?一提"三道杠"大家什么印象?觉得都是班里的好学生、好孩子,才是"三道杠",感觉特别"正"。有的车灯呢,比如说像奔驰那些什么 SLK 啊,就是那种丹凤眼啊,比较妖娆,比较性感,那种灯的线条跟它就不一样。这个大灯除了三道杠的这个设计亮点之外,其实大灯里面是有 84 颗发光体,也就是说它最远可以照到 650 米的距离,炯炯有神,绝对是一大亮点。

然后,我们今天试驾这款车,它是个立标是吧?这个三叉星辉是奔驰的图腾了,应该说是。接下来,我们来看看这款车侧面线条。我们现在来到了这个 S 级的侧面。我们来看一下这个 S 级的侧面线条呢,这车反正我自己的感受就觉得,好像比印象当中的奔驰 S 级轿车要短了一些,其实呢,它确实是比迈巴赫要更加紧凑一点,整体看上去我们还是觉得更加运动化一点。但是你要说到运动,这款车是 450L,其实它还有 450Formatic 四驱版本。四驱版本的车型的运动感就更加明显,无论是从底杠上还是一些轮毂的外观的设计上都会比现在我们看到的这款车会来得更加动感。现在我们看到这款车的这个轮毂，可能它的设计就略显普通了，就觉得很不像奔驰的S级别的这个车的轮毂。

外观说完了，接下来最期待的，还是进到奔驰的内饰里边，因为奔驰的全系车型最近几年的内饰做得还是非常地让人享受的。来吧，一起上车！

现在很多朋友会问奔驰到底哪里好，我们很多人都会第一回答说它内饰太漂亮了，很舒服也很豪华。首先呢，它前面依然是这种环形包裹的环形座舱，然后座椅的舒适度，还有皮质的这种品质感我们都不用多说。这款车的配饰啊，这个颜色我们看到上面是那种棕色的皮质的，然后这个是木质烤漆板，这个木质烤漆板它的颜色是那种深棕色的，里边其实也隐含能看到一些木纹。因为它是新款，所以它也有一些升级，比如说这些都是新增加的按键，然后它这个两块12.3英寸的大屏连接在一起呢其实已经不算新鲜了，现在的这个新E也是这样子的，然后它放到很靠里，大家看到，所以它外面这个类似于帽檐儿一样的设计，也会让你在开车的时候不会因为前方的光线让你对于这款屏幕的视觉会造成一些什么影响。娱乐设施啊，还有一些按键上呢可能也有一些升级。但是我们现在这款车呢因为不是最高版本，所以就没有我们主打的那个"畅心醒神"的功能，但是在这里你也会看到这里它会有一个这样的小装置，其实它是放香水用的，就是那种香薰嘛，让你在车里边有一个很好的一个嗅觉体验。

来，我们坐在后排"大S"上感觉一下。很多人又说了，其实我指的很多人就是我们的拍摄组的成员啊，觉得车没有多大呀。实际上呢，有时候觉得可能是我们看S看太多了，看迈巴赫也太多了，觉得后排非常地宽敞，但是刚才也跟大家解释过了，S450L这个L，它并没有加长，它是比那个迈巴赫要更小一点、更紧凑一点，实际上这真的不小了，这真不是"小S"，这真的也是一个"大S"了。你看我坐在这里，腿部空间大家是一目了然的，是吧？每次都比拳头，其实不比拳头大家也能看出来，很富裕的一个腿部空间。头顶上也不压顶，往右看往左看，这后面的枕头也没有让你觉得局促。那这个位置呢，中间这个位置其实可以坐一个成年人，我觉得就是哪怕长途开一会儿也是绝对没问题的，很舒服。其实这个跟迈巴赫相比可能就稍微加分一点了，因为迈巴赫的车它为了凸显它的那种极致的优雅和尊贵，中间的这个扶手箱，迈巴赫是不可以抬起来的，就一直固定在这里的，它后面就只能坐两个人，只允许坐两个人，但是这个450L呢，你可以把它随意地拿起来，根据我们的乘车人员的需求，可以中间再坐一个人，所以它也会有一个更加实用性的一个体现。

然后，后排座椅的话，大家也可以看到在门上这里依然可以调节你的这个座椅的姿态。然后我更喜欢的是它后面的这个头枕，我们之前试驾过奔驰的 V class，还有像 E class 里边好像也有，这种头枕是软软的，这种垫子让你觉得非常地舒服，不直接和这个皮质的靠枕相接触，然后你躺在棉花上就想休息，就想闭目养神，所以坐在这个车里面带给你的更多的是一种心态的平和，还有一种舒缓，所以让大家对这个奔驰的 S 级的好感就油然而生了。

张子希负责分享的是开这款奔驰的驾控乐趣。他在真实的驾驶过程中，和镜头直接交流驾车体验和个人观点。

现在来给大家体验一下奔驰 S450L 这款车的动态驾驶。其实这辆车大部分人可能会觉得 S 极嘛，坐着是舒服的，开起来呢可能就体会不到那种 S 的精髓。其实我觉得不然。为什么说这辆车开起来其实也是非常舒服的一件事情？就是因为奔驰的内饰，它做得非常不错，不管是从视觉上，还是从它的用料、质感，都是非常高级，一看就是档次感非常强。这样你开起来这款车的时候，你就觉着,你在开一辆非常豪华、非常有档次感的这么一辆车。奔驰S级除了S500轿跑车那款车之外呢,其他的配备都是3.0升的双涡增压发动机,然后它搭配的是9速的手自一体变速箱,这种动力总程给我的第一个感觉是什么呢?就是太平顺了!整个的加速基本上不知道它在换挡,这速度就提起来了,而且感觉和大排量的自然吸气的这种加速感是一样的。

还有说到这款发动机呢,其实我们以为的是,这款奔驰最新的2018款的这个奔驰S级,会搭配坊间一直流传的,他们全新开发的那个直列6缸的发动机,但是这款发动机还是V型6缸的。随着科技的不断发展,可能发动机也会往小排量,以及加入一些新能源科技,但是呢,这种V6、V8的经典的发动机是非常值得我们去体验和拥有的。

以前开奔驰,其实我挺不愿意开的原因是什么呢?就是觉着,奔驰它在整个的这种动力调教上比较"肉",而且呢,你踩下油门之后,它的反应总是比较慢那么一点儿。所以,这种"肉肉"的感觉在市区当中堵车的时候开,你觉得还是不错的,但是在这种没有车的路面上跑,或者你想超车的时候,你总觉得差那么一点点。

可是最新的这款2018款的S级S450,它就给了我一种不一样的感觉。就是当我油门踩下的那一刻,它的反应很迅速,而且它提速的这个速度是相当快的。对于这辆这么大的轿车来讲,它已经做得是非常不错了。而且本身我们知道,这款车其实不是让我们去激烈驾驶的,更多的它的用处是商务座驾嘛,非常注重后排乘客,慢慢悠悠的,非常舒适的。这个时候呢,如果你把它的速度提得特别快的时候,那会不会给你的前排或者后排的乘客带来不适呢?其实真的不会。为什么?即使你激烈驾驶,这款车它也能够给你带来200%的舒适感。

奔驰车的底盘调校得是非常的舒适,尤其是这款车它搭配的是空气悬架,当你走有些颠簸的路面的时候,它会抬高底盘,然后调节它的阻尼,基本上你能感觉到这种振动是非常轻微的;然后比如说跑高速的时候呢,它又能降低它的底盘,提高它整车的稳定性。

随着现代科技的发展,可能汽车现在越来越趋于一种平衡性,也就是舒适和豪华之间的平衡性。都说奔驰应该体验它后排乘坐的舒适感和豪华感,但是,如果你没有亲自体验去开一开它的话,我觉得那真的就是一种遗憾了。

总体来讲,两位主持人的语言组织能力都比较强,这使得他们的即兴口语逻辑清晰、架构合理、用词准确;他们态度平和亲切,语流晓畅,节奏明快,对象感和交流感都很强。二人又有熟练的驾驶技能,这使得他们能够边驾驶边细致介绍驾车感受。

五、《原来如此》主持创作

中央电视台科技频道的《原来如此》是"针对人们熟视无睹或似是而非的科学疑点和困惑,通过科学实验、实际验证等方式,给出科学、正确、权威的解答"的节目。从 2012 年底开始,主持人以"验证者"的身份在真实情境、复原场景或实验室中亲身上阵,一边需要调动所有肢体部位和感官去实验操作,一边要描述、分析、评点,也就是"全身"与"全心"都要投入进去。在《原来如此》,验证者们不乏经历有惊又有险的实验:在《逃离流沙陷阱》一期中,他们将自己深陷于真实的流沙中,运用各种预想手段逃生;在《当野泳遭遇水草》一期中,他们潜入水底和水草做较量;在《逃出落水车》一期中,他们在长江中做水下逃生实验……验证者们的勇气令人敬佩,科学探索的精神也令人鼓舞;节目如此呈现,可信度高、可视性强、影响力大。

在《逃出落水车》(图 3-19)一期中,两位主持人马笑舒、宁原相互配合,从汽车车门被水没三分之一处、三分之二处乃至内外水位(水压)一致时,反复开车进水实验能否开门逃生,继而又测试用各种东西协助逃生。这个试验虽说是在有安全保护的前提下进行的,但是主持人作为体验者在整个过程中还是会有风险,他们能够较为冷静地完成体验和报道任务,有较强的责任心和勇气。这段体验中的表达不是大段落述评,而是即时介绍遇到的情况和自己的感受。

图 3-19 《原来如此:逃出落水车》

原来如此:
逃出落水车

第四节 综合运用的创作方式

社会生活节目不断设计各种"寓教于乐"的形式,以期提升节目的观赏性,增强受众的收视期待。于是,有的节目加入了新闻性的元素,有的节目增添了综艺性的元素,因此,一些内容丰富、形式多元而不失专业性、服务性本质的节目涌现出来。这样的节目,通常现场会有相当复杂和多样的元素,需要主持人综合运用主持技能,具备较为全面的主持能力。

一、王刚在《天下收藏》中的主持创作

北京电视台曾开办一档收藏鉴宝类栏目《天下收藏》(图 3-20)(2006 年 4 月开播),由王刚担任主持人,播出多年,该节目一直保持收视稳劲的态势。2013 年,中央电视台综合频道开辟主持人时间带,专为王刚打造了一档《王刚时

图 3-20 《天下收藏》主持人王刚

天下收藏:
雍正遗韵

间——收藏传奇》栏目。我们分析王刚主持收藏鉴宝类节目的成功之道,主要有三个方面:

首先,王刚本人就是一个收藏家。他评价自己是"收藏界里最好的主持人,主持界里最好的收藏家",他确实对收藏这个专业领域甚为了解,他可以随时进行专业评点,对专业术语做通俗解释,甚至为鉴宝做鉴定监督等。《第一财经日报》记录了王刚的一次"护宝"经历:"明明看得真真的一件五彩瓷瓶,王刚照例先抄起金槌,边晃悠,边演准备砸。惊得藏家紧拿手护着宝贝。王刚心里有数,无非'虚晃一枪',可递上来的专家、行家的鉴定是'现代工艺品'。'我在台上,心里嘀咕——怎么会呀?我又不能在那儿仔细看。'嘴上没闲着,照例佯装淡定地说着:青花五彩跟五彩有什么区别?五彩跟粉彩有什么区别?然后把单子放回专家台上,专家觉得不对了,然后赶快递上另外一张来。后来才知道,后台的人把第三张当成第二张单子递上来了。'下来以后,我真的急了。你设想一下,一下子砸下去,咱们惹多大的祸啊!'"

其次,王刚历史文化知识的积累也是非常丰厚的。他在节目中"顺手"添加历史文化的内容已是一种常态。一期节目中,嘉宾拿来鉴定的是一只永乐年间的瓷碗,王刚在嘉宾们畅所欲言之后谈及自己的看法:

> 永乐官窑是官窑但是并不落官窑款,而且永乐呢……提起永乐这个皇帝,我想多说两句,刚才其实我们一直在颂扬他,在经济、文化乃至在政治策略和对外交流等方面。其实在政治上,尤其他最初夺取政权的时候,是个极其残忍的皇帝。而由于朱元璋、由于朱棣,往后历代的明代的帝王都很残酷。尤其明代早期的时候,那些官员在早晨上朝之前往往要先跟家人进行一个告别仪式,因为今天上朝了,能不能回得来?比如明代的帝王,对于他所认为不忠的、贪贿的一些臣子,(会用)廷杖这样一个极其残酷的刑法,就在午门外活活打死。后来又宦官专权,等等,等等。比如我们都知道过去帝王对于那些犯了用现在的话讲就是政治的罪行的话,是要

株连九族的。而最初并不是株连九族,在秦始皇的时候只是一、三族,后来一代一代五族、七族,后来到了九族。有些史学家认为他是一种篡位,他窃了建文帝的位,他就以"清君侧"为名,在朱元璋死后不久,从北京,他那时候已经册封为燕王了,打到南京。城破之时,建文帝有的说是自焚而死,有的说顺地道逃跑了,有的说后几十年还活着,甚至有的说郑和下西洋的功能之一就是寻找再也没有见到尸首的建文帝,等等。但是永乐皇帝打进南京,当时有一位江南大儒方孝孺被他抓来,威逼他:你给我写一个让我即位的诏书。方孝孺是破口大骂,因为方孝孺是建文帝的忠臣,最后他真的写下四个大字:燕贼篡位! 最后,(永乐帝让人)把他的嘴撕裂,用钢丝把他的肉刮干,把他的骨头敲碎,而此又产生了所谓的株连十族,就是方孝孺的弟子门生统统杀光。就这一个案子,当时一块儿杀掉的一共是873人。诛十族! 就这么一个残暴的皇帝。当然,他后来迁都北京以后,又做了很多利国利民的事情,我想是对于自己在建立政权之初那种残忍行径的大概是一种反省。总而言之,有时候所谓政治工具、所谓文化的成就,各种各样的因素搅到一起。那么有一点我想我是肯定的,这件我们刚才展示的永乐的官窑重器(节目开始的展宝环节——本文注),肯定不是永乐朱棣他自己做的吧?其实说来说去,还是当年那些工匠们,用我们现代话说,是劳动人民智慧的结晶!(全场热烈的掌声响起)

这一段"借题发挥",即兴也好,事先准备也罢,引入巧妙自然,表达声情并茂,一气呵成,最后对主题的升华如同顺水推舟。现场观众聚精会神,如临其境,听毕神色释然,同时给予王刚真诚的赞许的掌声。他在节目中融入历史文化内容,使节目更具文化韵味。

最后,王刚二十余年丰富的主持经验使他在《天下收藏》的主持幽默风趣、雅俗皆备、控纵自如。栏目创办之初,他为节目组出谋划策,从节目风格到具体环节设置,从整体策划到细节安排都倾注了心血。在节目最具悬念的"砸宝"环节,也就是将赝品砸毁的环节,他几乎每一次都处理得让人"惊心动魄";每一次"砸宝"前,王刚都会再三询问藏宝人"是否退出",也会用不一样的眼神、话语进行暗示或明示,意料之中的情况是宣读完鉴定再"砸"赝品,可是,有的时候他念藏品鉴定的过程中猛一挥锤,有的时候藏宝人刚刚认定不反悔还没留神他就"砸"了,还有的时候他把藏品拿在手中突然一松手,藏品坠落,碎于桌上……他的一举手一投足都牵动着观众的神经。这些设计看似轻描淡写、信手拈来,实则体现了他对细节的精益求精。推荐大家直接点击链接观摩视频,感受王刚在这个环节的巧妙设计,和其对现场情绪、节奏的把控。

二、张国立在《国家宝藏》中的主持创作

《国家宝藏》是由中央广播电视总台、央视纪录国际传媒有限公司制作的文博探索节目,它不仅包含高质量的内容,精美的形式,更承载了厚重的传统文化底蕴,也展示了蓬勃的新时代文化的生机,"以文化的内核、综艺的外壳、纪录的气质,创造一种全新的表达",获得社会广泛赞誉。主持人张国立在节目中的表现也是广受好评。张国立被人们熟知的身份是演员、导演,他也承担过很多节目的主持任务,如《国家宝藏》《演员的诞生》《中国新相亲》等,还有被赋予主持功能的真人秀节目《非凡匠心》《大魔术师》等。

张国立在《国家宝藏》(图3-21)节目中的身份是"001号讲解员",实则承担的就是主持人的任务:张国立要引出明星国宝守护人专题小片,与明星护宝人简谈,推出国宝的前世故事,再与演绎完故事的国宝守护人简谈,从而引出今生国宝守护人并对其做深度访谈,最后引出颁发印信、宣读守护誓言的环节。在整个节目流程中,他需要进行串联、访谈,需要驾驭整个节目进程,把控

图3-21 《国家宝藏》主持人张国立

节奏、调节气氛,综合运用主持人的各项能力。

引出国宝的前世故事,推进节目流程,都是标准的有稿播音。我们来看《国家宝藏》第二季第 1 期中,主持人引出三件国宝前世传奇故事的串联词。

国家宝藏
第二季
第 1 期

样式雷建筑烫样的前世传奇就发生在民国间,当时中国刮起了一阵欧美风,无数西洋建筑是拔地而起,一座座传统木质古建却在逐步地消失,卯榫相扣,雕梁画栋,是否注定渐成为明日黄花?让我们跟随一位《大公报》的记者去探索这个答案吧。(样式雷建筑烫样)

公元 744 年,44 岁的李白和 33 岁的杜甫在洛阳相遇,二人一见如故,对酒当歌,携手同游。然而自 745 年的东鲁之游之后,诗仙、诗圣便天各一方,无缘再见。于是,怀念李白变成了杜甫的日常,而后的李白之死更成了杜甫解不开的心结,只得借酒醉之时,盼与李白有一番神交。若杜甫再见李白,他要做的第一件事是什么呢?(唐李白《上阳台帖》)

金瓯永固杯的前世传奇发生在 1797 年。那一年乾隆 87 岁了,"十全武功"已成,但仍然坚持晚八睡早四起的勤勉作息,只是他入睡得一日比一日晚,醒得却一日比一日早。万籁俱寂之时,究竟是什么困扰着这位政治强人呢?我们的故事就从乾隆帝的一个失眠之夜开始讲起。(金瓯永固杯)

以上均是标准的主持人串联词,张国立有过硬的语言功底和表演功底,这样的稿件对他来说驾轻就熟。

我们再来看看主持人与嘉宾的简谈部分。在《国家宝藏:曾侯乙编钟》一期中,张国立和老搭档王刚相遇(图 3-22),二人长期合作的默契使得这段与国宝守护人的简谈妙趣横生。

图 3-22　张国立(左一)、王刚(右一)

国家宝藏：
曾侯乙编钟

张国立：我们俩一起站在这个台上，我觉得不用我介绍了吧？收藏界的著名表演艺术家。（众笑）你这回亲临编钟跟前，看到这件原物的时候，你的心里给它排在第几位？

王　刚：这还用问吗？当然NO.1，第一呀！你听听这（观众的）掌声啊！

张国立：我不知道刚才大家看没看到一个细节，王刚老师看到编钟的时候，他拿手啊捂着鼻子，他这是对文物的一个敬畏，他怕自己呼吸的气呼到那个编钟上。

王　刚：那倒是！因为收藏文物讲究温度啊、湿度啊。而且你刚才说闻，我真想闻，你知道啊，那是2,400年的土香啊！那种味道特别地美啊！真的，实话呀！

张国立：哎呀！我也去过湖北省博物馆，也看过这个编钟，真的是像刚才"何大人"那个举动一样，让我对古代这些工匠的精神深深地敬畏。真的。而且我还去参加过复制工厂编钟的铸造，我还去磨过这个声音。

王　刚：你刚才说你，还到那复制工厂去干活，亲手磨过编钟，敲过编钟？我有点不大信。那现在你来给我说说，编钟总重量是多少？这编钟分几类？有多少个音？"一钟双音"分别叫什么？

张国立：（若有所思）它吧，总重量好像是2,567公斤，好像，我大致记得是这样。上层呢叫钮钟，中下层叫甬钟，还有正中间叫镈钟。全套编钟12个半音齐全，正面敲出来的叫正鼓音，侧面敲出来的叫侧鼓音。王老师，回答完毕。

王　刚：（夸张地）好好！台词背得不错！（众笑）我还不信就考不倒你了。这样啊，一会儿我请一位高人上来。

张国立：嗯，干吗？搬皇上来"压"我呀？

王　刚：皇上？皇上他懂这个吗？不说是假皇上，就是真乾隆来了，都不如这位先生说得清、道得明。

张国立：好,接下来我们有请王刚为我们开启曾侯乙编钟的今生故事。

张国立能够抓住"捂鼻子"的细节去称赞王刚的得体之举,也能够在所有人都知道他"背词儿"的情状之下夸张地"演"下去,更能够"跳进跳出"地在"纪晓岚"和"讲解员"身份之间游刃有余,既尽职尽责地完成"本职工作",又能够锦上添花地活跃气氛。

我们再来看《国家宝藏——皿方罍》中,张国立与国宝今生守护人谭国斌、演员黄渤(皿方罍器身扮演者)、王嘉(皿方罍器盖扮演者)的一段深度访谈。

谭国斌：大家好,我是谭国斌。我是一名收藏爱好者,也是长沙美术馆馆长。

张国立：你第一次亲自看到皿方罍是什么时候?

谭国斌：2013年,香港佳士得秋拍的时候,我当时看到皿方罍器身,就被它纹饰之美、器型之大、纹饰之繁复所震撼……后来,我听说皿方罍器身在2014年3月将在纽约佳士得进行再次拍卖。当时我听到这个消息,非常着急,万一又被国外人买走了,那皿方罍更难回到我们祖国了。所以我赶紧飞到湖南,想一定要把皿方罍请回湖南。

黄 渤：那谭国斌做的第一件事情是什么呢?我们来一起看看第一个关键词。

(大屏出关键词:50,000,000美金)

张国立：个十百千万十万百万千万,五千万美金!

谭国斌：这五千万美金是卖家同意洽购之后,对我们开的价钱。

黄 渤：哇,五千万美金哪!

张国立：五千万美金是多少人民币?三个多亿,四亿。

谭国斌：当时想要继续拍卖程序的话,有可能拍出更高的价钱。

国家宝藏:
皿方罍

黄　渤:所以说你说刚才说的五千万,我们在这大呼小叫的,其实这还是一个保守的价格。真正上拍了以后,那个价格就不得而知了。避免进入拍卖程序,可以说是最稳妥最省钱的一种办法。

张国立:既要讲规矩,又得讲策略。

黄　渤:还得省钱。

张国立:你能告诉我们,一共筹了多少钱吗?

谭国斌:我从香港回到长沙之后,首先我跟我们湖南省博物馆陈建平馆长汇报皿方罍(器身)再次出现在拍卖场上的情况。经过湖南省政府出面,由湖南广电为主,湖南六家企业共同出资,当时筹了三千多万美金。

张国立:三千多万美元,这还差得远呢啊!这可怎么解决啊?

黄　渤:所以谭国斌他找人起草了一封信。

(大屏出关键词:一封信)

张国立:为什么要写信呢?

谭国斌:因为当初卖家还没同意给我洽购,也是为了统一全球华人的战线,得到全球华人的鼎力支持。全球华人收藏界的所有朋友,对佳士得写了一封公开信。

黄　渤:所以说有章有法。我就给你念这封信的最后一小段:烦请贵公司促成此事,同时我们谨向全球华人藏家呼吁,恳请海内外华人藏家在拍卖场中以大局为重,万勿以个人好恶哄抬价格,期待全球华人藏界和衷共济,为后世子孙计,促成此次国宝回家的盛举,成就中华收藏的又一佳话。

张国立:真好!现在看起来,全球华人,全体藏家,海外的收藏家都出面了,是吧?整个的故事讲完了以后,我们可不可以这么理解:为了降低国宝回家的风险,避免进入一种不可控的拍卖的程序,你们选择了洽购这样一种方式,为了能让洽购顺利地进行,企业又进行了资金的筹集,对吧?然后呢,民间的收藏家们也集体行动起来,这是一个国家和民族对我们自身文化遗产的重视,是我们中国发出的声音,温和却很坚定。这一切作用之下,皿方罍的世纪回归之路终于完美地画上了句号。记得在拍卖会的当天,当佳士得宣布皿方罍已经洽购成功,不再参与本次竞拍的时候,在场所有华人收藏家欢呼声雷动。当时你在现场是不是也特别激动?

谭国斌:我没有在现场。

张国立:(尴尬地用手摸摸头)啊,没在现场。(众笑)

谭国斌:因为我正在付定金,需要整整的一天。

黄　渤:刷卡去了?

谭国斌:刷卡去了。因为定金是五百万美金,所以每次只能刷五千美金,刷了一千次。(现场掌声、惊叹声)

张国立:光定金就刷了一天,哈哈,那估计应该是有生以来最爽的一次,"唰",五千,"唰",五千。

谭国斌:不是最爽的,应该是最累的一次。因为你刷,刷一整天一千次,签名都签一千次的话,就是累得要死。

张国立:还得签名呢。

谭国斌:但是想到国宝回家,心里特别甜。

张国立:你等于是签一个,就又近了几公里。是吧?签一个,又往家走了几步。

黄　渤:刷这一次是一程路啊。

张国立:又往家走了几步。其实那种感觉真的是非常爽,是有一种不是花钱的爽,是一种让国宝回家来,心里头的踏实,那种爽,是吧?

谭国斌:是的。

张国立:回想起这一切,是不是觉得特别自豪?

谭国斌:国立老师,你过奖了,我只是"完罍归湘",这件事的发起人,做了一个中国人应该做的事情。如果背后没有湖南省博物馆,没有全球的华人收藏家的齐心,没有六家湖南企业慷慨捐款,这件事是办不成的。正因为有方方面面的不懈的努力,我们才把一件办不成的事情,把它办成了。

黄　渤:是的! 2014年6月21日下午,流落在海外近百年的皿方罍器身——我

王　嘉:与留在了国内孤苦伶仃近一个世纪的器盖,也就是我,终于合二为一了,终于我们团圆在了自己的故乡。

张国立:我们知道在国外,文物被称作 art,就是说,是艺术品。而在中国,文物之所以称作是文物,却是因为它身上铭记了我们老祖宗的历史,它是有灵魂的,它是一种信仰,它承载着我们中华民族的文化记忆,让流散在海外的国宝回家是所有中国人长久以来难以释怀的情结。近年来已经陆续有一大批的海外流失的文物,回到了中国人自己的家里。中国人的自信心也正在回归,正因为有了这份自信,让我们看到了国民日益增强的国宝守护意识,和一个国力日渐强盛下的大国底气与实力……

整段访谈,张国立营造了一个良好的聊天氛围,使得嘉宾能够详尽地讲述故事;对话中,他一边引导着话题方向,一边顺着嘉宾的话语内容适度展开;在现场气氛略显沉重的时候他选择合适的时机调节气氛;当嘉宾的长段落表达结束时,他做梳理小结,并升华主题。他的主持看似自然而然,实则做过精心设计,加上即兴的临场应变,可以说是"刻意"而为的自然。

三、刘洪悦与"主持梦之队"在《我是大医生》中的主持创作

《我是大医生》栏目是北京电视台于2013年创办的一档健康养生节目。栏目旨在通过有趣的互动、权威的讲解,向大众传播科学的医学知识。几年来,栏目获得了业界诸多奖项,如:年度全国十大创新民生栏目、年度两岸四地最具创新力电视栏目、年度健康服务类节目、中国电视满意度博雅榜、卫视频道财经生活类栏目十强等。健康养生节目是社会生活节目中一个重要

的类型,专业性、服务性非常突出,一直拥有较为稳定的收视群体。但是此类节目存在模式陈旧,主持缺乏新意,节目把关缺位等问题。《我是大医生》创作团队通过深入调研、细致分析、精心策划,给传统节目换上了新装,

图 3-23 《我是大医生》主持人刘洪悦(左二)

获得了业界与受众的双重肯定。《我是大医生》(图 3-23)栏目请优秀主持人和专业一线医生共同组成"大医生梦之队",进行"脱口秀"主持,启用这样的主持阵容在国内同类节目中尚属首次,可以说是一次"大胆"的尝试。

1. 启用主持群,创意脱口秀

(1)戏剧化的人物关系——用人物设置给主持人角色定位

《我是大医生》的主持团队是经过精心设计的,它的成员有具体的人物设置,相互之间带有"戏剧"关系。这个团队包括三位男性医生和一位女性主持人:万人迷,定位急诊科医生,25—35 岁;男闺蜜,定位整形科医生,45—55 岁;权威绅士,定位心内科医生,40—50 岁;养生达人,定位女性主持人,健康养生懂行人。节目组联合北京市卫生局在全北京市三甲医院进行了为期一个月的选角活动。经过三轮面试,最终从 1,000 多名候选医生中挑选出三位兼具实力与颜值的"大医生",他们是:王成钢,北京安贞医院急诊科医生,曾兼职男模;栾杰,中国医学科学院整形外科医院副院长,博士研究生导师;李建平,北京大学第一医院心内科副主任,哈佛博士后。养生达人的角色则毫无悬念地落到了北京电视台资深健康类节目主持人、《养生堂》当家花旦——悦悦(刘洪悦)身上。这四个人共同组成"大医生梦之队""主持梦之队"。

这个主持群还有"隐秘"的人物关系：悦悦和王成钢是一对欢喜冤家，常常"对掐"，包袱往往就在他俩的对话中；栾杰是悦悦的"男闺蜜"，善解人意，体贴入微，擅长和女性交流；悦悦很仰慕李建平的学识，总是为李博士后的分析点赞。这样的人物关系为主持团队增加了戏剧元素和戏剧冲突，让主持人们在台上清晰地找到自己的定位，在严谨地讲解医学知识之余，合理而有效地插科打诨。

大医生主持团队（图3-24至图3-27）这种人物设计并不完全是依据剧本演绎出来的，他们之间"友谊的小船"是真实存在的，私底下几个人关系十分融洽。现实生活中真实的人际关系能够辅助呈现舞台上的人物关系，他们在舞台上搭档的默契即来源于现实生活中相处的和谐。

图3-24 《我是大医生》

图3-25 《我是大医生》

图3-26 《我是大医生》

图3-27 《我是大医生》

（2）"烧脑"的主持台词——剧本式创作台本让主持减少冗余

既然想做脱口秀，就必然有一套精心设计的剧本；既然想让严谨的医生口若悬河地主持，就必然为之提供量身打造的台词；既然想做亦庄亦谐的健康养生节目,就必然要打磨出理趣兼备的台本。节目组创作团队的努力成就了明星医生的脱口秀。

《我是大医生》每一期节目都会有一个1.5—2万字的基础台本,这里包含每一个医学知识点,也包括主持人调侃的桥段,有时甚至细致到提示主持人应当做何种体态语来达到更好的效果。每期节目录制前,导演都会带着主持人"围稿",详尽解释台本。当然,这么严密的"剧本"并没有捆绑住主持人在现场的即兴发挥,主持团队经常会默契地进行临场创作。尤其是悦悦,作为资深的健康养生节目主持人,她能够很好地将台本吸收,并在节目录制中带领大家适度地自由发挥。

(3)"心机"的造型设计——外在形象塑造让"人物"可感可信

健康养生节目主持人适合什么样的造型设计?这个问题应该还没有被认真关注过。一直以来,我们的创作者对节目呈现形式的创新力度不够,对节目主持人的外在包装也没有很高要求。其实,服装造型是主持人的副语言,它也可以表义,既是主持的一部分,也是节目形象塑造的构成因素。

不同于我们一贯熟悉的健康养生节目主持人造型——没有突出特点的职业套装或素雅服饰,"大医生梦之队"的造型是颇有讲究的,依据节目需要,根据人物特点,每一位主持人都有自己专属的服化设计。急诊科的"万人迷"身穿标志性白大褂,配上一副听诊器;整形科的"男闺蜜"一身青蓝手术服,配以白色鞋子;心内科的"权威绅士"则始终西装笔挺,黑皮鞋锃亮;悦悦作为资深养生达人兼"邻家女孩",其穿着与在《养生堂》中有明显不同,色彩鲜艳,款式俏丽,发型同样多变。《我是大医生》的主持人各有特点,又形成团队特色,有突出的整体形象。

2. 核心主持的新空间、新挑战

悦悦从《养生堂》来到《我是大医生》,拥有了一个新的创作空间。相比之下,《养生堂》是一对一的访谈式主持,《我是大医生》是一带三的群言式主持;前者好似独舞,后者则像领舞;前者在台上独当一面,后者在现场要"调兵遣将"。不过,也有不变的,就是悦悦的真性情,悦悦真实自然、亲切,像邻家姑娘一样,这样的主持特点可以说是悦悦本人的创新了。

(1)真——流露真性情,塑造"真实"的自己

悦悦是少有的在节目中流露真性情的主持人,不去"端"也不去"装",在《我是大医生》里,她确实把一个接近完全真实的自己投入进去了。很多观众往往忽略掉她的主持人身份,而更多地把她当作邻家女孩。这个女孩颜值不高,神经大条,亲和力很强,透着一股聪明劲儿,有时又憨态可掬,从不吝惜暴露自己的小缺点。她医学知识、生活常识积累了不少,可是生活能力并不强,嘴上给自己贴"贤惠"的标签,手上一干家务活就露了马脚。其实,悦悦就是如此,她的"真"超越了自己所有的主持技巧。当然,这并不是全部真实的悦悦,而是部分真实的悦悦,她把适合于这个节目的真实部分展现出来,这就足够了。

(2)融——毫无违和感,把自己修炼成内行

主持人与节目能够融合到一起,风格一致,节奏合拍,相得益彰,是所有创作者都希望达到的境界。这需要主持人的定位能够与节目定位相匹配,需要主持人能够找到自身与节目的契合点,如此,节目可以为主持人贴上标签,主持人也能够以自己的形象代表节目。作为健康养生节目的主持人,要想和节目相处融洽,相辅相成,最基本的是需要对医学知识、养生常识等相关信息有所储备,而且需要有很好的语言沟通能力。

悦悦主持健康养生节目多年,由于悟性好、肯努力,自己储备了相当丰富的知识、常识,她的老观众甚至会把她看作健康专家或资深养生达人。做个内行的主持人,是悦悦在《我是大医生》中,在众多主任级医师身边立得住脚、对得了话的核心因素。当然,悦悦率真的性格、良好的沟通能力、稳劲的驾驭能力,也是她能够轻松融入这个特殊的主持群、融入这个节目的法宝。

(3)特——亦庄亦谐,贴上个性的标签

有特点,即个性化突出。"个性化"这个概念,在探讨主持人及其主持的理论性文章当中,出现率是相当高的。它是对"好"主持的必然要求,是成为"好"主持人的一个必要条件。每一个主持人都希望自己拥有个性化的主持

风格,而且努力让自己的独特性在节目中鲜明地体现出来。但是,真正能做到的人并不多,尤其对健康养生节目主持人来说并非易事。悦悦在同类节目主持人中是非常出色的一位,她能够很好地融入节目,又有鲜明的个性特点。

在我国的电视荧屏上,年轻女主持人端庄大方、娴静知性、貌美如花的不在少数,而"有趣"者屈指可数。女主持人说话让人会心一笑的常见,话语令人感到意料之外、情理之中又忍俊不禁的少有。悦悦的特点恰恰就在于此。她说话有趣,有点小幽默,又不是搞笑挠痒痒。她自己说话的时候一本正经,别人听过之后却能开怀而笑。观摩《我是大医生》的原始台本,会发现悦悦的现场语言的处理绝对是给最初设计加分的,全场时紧时松的节奏真的就在她的调节之下。"大医生梦之队"的四位成员有三位是真正的医生,虽然"剧本"给他们安排了轻松调侃的桥段,但是他们"演绎"起来多少会有些不自然。悦悦则不然,那"有趣"的话随时在嘴边,无论是演绎剧本还是临场发挥,其"趣"皆可"自然流露",且处理得游刃有余。她不会让你一直面对各种病症分析心情压抑,或是一直观摩模拟手术神经紧绷,她貌似不经意的"跳脱",令观众紧张的情绪得到舒缓,心情感到愉悦。

悦悦在节目中没有深刻的大道理的阐释,也没有令人惊叹的观点陈述,甚至没有较长篇幅的串联词,她将桥梁职责的担当、邻家女孩的角色定位、访谈分寸的拿捏都驾驭得恰到好处,使得"悦悦"这个名字在喜欢看健康养生节目的观众心中成为可信、可亲、可爱的代名词。

我是大医生:
如何让腰围
快速变小

我是大医生:
选对鞋很关键

我是大医生:
感冒乱吃药
可能致命

在此推荐一些观摩案例:常规节目,如《如何让腰围快速变小》《选对鞋很关键》《感冒乱吃药可能致命》等,我们可以看到悦悦在主持团队和嘉宾之间娴熟地穿针引线、协调各个环节和营造现场氛围的能力;特别节目,如《艾滋病日主题宣传》(图3-28),尽管演播室搬到了大剧

图3-28 《我是大医生》艾滋病日主题专场

场、观众翻了几倍，还有彭丽媛教授携诸多专家和一众艾滋病宣传大使齐聚一堂，悦悦也未显局促，依旧淡定自若、思维敏捷，带领节目在严谨务实又不失轻松幽默的氛围中进行。

第五节 新媒体有声语言创作方式

新媒体传播的发展，使得垂直内容生产得到了充裕的成长空间，同时也促进了一批新媒体主播的诞生和传统媒体主持人的转型。这一节，我们将主要讨论有声语言创作者的融媒创作道路，为学习者提供有针对性的分析，同时与后续的实践指导部分相呼应。

我们看到在以微博直播、微信公众号、喜马拉雅FM为代表的新媒体平台上，窄播内容日渐增多，而且相应地产生了这样一个新概念——垂直内容。这些内容按常规的分类方法，包括旅游文化、美食餐饮、健康养生、幼儿早教等，但是这样传统的归类方式又远不能囊括如此"纷繁复杂"又"细致入微"的内容。

新媒体节目的形式和传统媒体有明显的不同，"主持"的方式、内容、目标都会有区别。媒介融合的时代背景下，每一位有声语言创作者都较以往面临更多的挑战，也迎来更多的创新机会。媒介融合传播使一切可以运用的手段、一切可以呈现的方式、一切概念中的设想，皆为创作者服务。

融媒语境下的创作是一个复杂的体系，有声语言创作者不再只是单纯进行声音范围内的实践，尤其是新媒体内容生产，通常他们还要进行更多方面的考量，包括传播对象、传播方式、传播效力、运营方式等，这些都和在传统媒体的实践是不一样的，它对创作者能力的诉求是更为复合而多元的。目前，新媒体尤其是自媒体垂直内容生产中，有声语言创作者除了出声出像的"本职工作"，还往往承担整个产品的规划任务，包括前期策划、后期整合，以及推宣工作、线下业务等。

在此语境下，有声语言创作主要是两种形式：一种是将既有文字作品音声化并进行包装，可以称之为"有声读物"，比如喜马拉雅FM平台上的诸多读书专栏，再比如微信公众号"共青团中央"中的《青听》专栏，亲子故事订阅号"凯叔讲故事"等；另一种是主持人原创的有声语言作品，音视频作品脚本为创作者或创作团队原创，在微信公众号平台上还要完成文字、图片等版面的创作，如"罗辑思维"的《罗胖60秒》专栏，财经订阅号"王冠红人馆"的《财经慧眼》(原《红头"文"荐》)专栏，情感心理成长订阅号"青音约"等。

这里以融媒体运营的典型案例《财经慧眼》专栏为主要分析对象，说说融媒语境下的有声语言创作。

全媒体传播时代，传统媒介与新生代媒介有机融合，而非单纯叠加，实现文字、图片、声音、图像等多路径信息传播。在如此背景下，主持人作为一个重要的传播环节，其主持必然发生新的变化，不仅包括主持形式、语言样态，还包括思维方式、创作思路，以适应新语境、新理念的转变。

《财经慧眼》是央广"经济之声"创办的全媒体传播财经类节目《王冠红人馆》中的新媒体专栏。这个专栏属于新媒体原生内容创作，是典型的窄众化的垂直内容产品，其专业性、服务性、互动性、个性化均十分突出。这个专栏深耕于财经领域，运用财经思维观察社会、解读生活，传递商业智慧，探讨人生哲学，体现人性的温暖和人性的张力；精准投放、深入浅出，给出具体贴心的专门服务，甚至是定制服务，将高冷财经平稳落地。

《财经慧眼》作为央广"经济之声"唯一一档针对互联网、多媒体渠道的"去广播化"内容产品，与《王冠红人馆》的周末直播形成联动，完成全年365天粉丝在线互动交流，以增加节目影响力。此专栏每期不到十分钟，重点关注最新财经热点，主打女性财经视角。《财经慧眼》与《王冠红人馆》针对新媒体渠道和传统媒体渠道分别制作节目，这在全国同类节目中可以说是首创，构成了其特有的全媒体生产思路。

《财经慧眼》专栏，日常公号阅读量单篇平均过万，蜻蜓FM点击量单条平均十万。在2018年中央广播电视总台新媒体专栏评选中获得二等奖，它的定制能力和传播效果已经由相关数据印证,并与"王冠红人馆"品牌形成合力。

我们来看一期节目的文本,《热播剧〈三十而已〉里的经济哲学》:

财经慧眼:
热播剧《三十而已》里的经济哲学

大家好,我是文慧,欢迎关注女性财经专栏《财经慧眼》。今天要和各位聊聊热播剧《三十而已》。说到这里,您是不是也按捺不住内心的激动,想和我一起分享下看剧的心得,说说对剧中三位女主演的评价?

没错,这就是典型的现象级影视剧的特点。不论是因为市场占有率份额的提升,还是话题热度的飙涨,只要是一部屡屡登上微博热搜、讨论度居高不下的影视剧,都会成为公众关注的热点,好像你不看看不参与下有关它的讨论,都有些落伍似的。那么今天,咱们也来凑个热闹,跟大家说说热播剧《三十而已》里的经济哲学。

不得不承认,从播出到现在,每一集所表达的相关话题总会引起大家的共鸣。尤其是全职太太顾佳更是以"顾学"圈粉无数,成为无数女性追捧的人物形象。那么,当我们看到"全职太太"顾佳可以云淡风轻地面对婚姻危机的时候,您是否想过一个问题:她的底气来自哪里?

借用剧中人物顾佳自己的一句话"人不担心后路的唯一方式,就是要把前路走长。"我想这句话,应该可以解释这份底气。其实,这就是经济学中"风险管理"。

风险管理是指如何在项目或者企业一个肯定有风险的环境里把风险减至最低的管理过程。有效地对各种风险进行管理有利于企业作出正确的决策、有利于保护企业资产的安全和完整、有利于实现企业的经营活动目标,对企业来说具有重要的意义。直白点说,就是:婚姻以及人生的每一个阶段都是一次次的投资,想要赢得漂亮没有后顾之忧,就需要在经营的路上走好每一步。而这个风险管理的主体,可以是个人,可以是家庭,而并非只是公司。

接下来,我们就来说说这风险管理的过程。它包括风险识别、风险估测、风险评价、选择风险管理技术和评估风险管理效果等。基本目标就是以最小的成本收获最大的安全保障。

那么,咱们就以《三十而已》第14集的内容为例,来谈谈风险管理的问题。

首先,看过剧的朋友都应该知道:表面上看,顾佳是一位"全职太太",好像不参与公司经营管理,但实际上她却是公司最核心的实际管理者。她从来没有离开过职场。上得厅堂,下得厨房。面对危机,游刃有余。一切处理看似滴水不漏,其实暗藏着经济哲学。

为了让大家更好地理解,我先做下简单的剧情介绍。顾佳和丈夫创业开了一家烟花公司,烟花虽然绚烂,但最怕的就是工厂出现明火引发爆炸,安全问题就是这家公司最大的风险点,一旦管理不善,不但会倾家荡产,还有可能身陷囹圄。他们共同的朋友、也是同行的沈杰就因为自家的烟花厂爆炸导致伤亡而坐牢、破产。所以顾佳得知这个情况后,开始对自家工厂的安全隐患进行排查。这属于风险识别。

当工厂厂长敷衍顾佳安全没有问题的时候,顾佳却可以从路过的一位工人身上的烟味儿、加班开火做饭以及刚刚搬离消防通道的货物痕迹判断出工厂有安全隐患,并要求整改。这属于风险估测。按照顾佳的话,一个有烟瘾的人是不适合在烟花厂上班的,要立即开除;烟花厂最忌明火,不可加班做饭及疲劳作业;消防通道不是摆设,绝不可掉以轻心。当工厂厂长辩解,都是为了订单能按时交货。顾佳回应:"再大的订单,也没有人命大!"这是风险评价。

如此几个回合的应对,请问:我们还能把她简单定义为"全职太太"吗?当然不能!顾佳,名字的谐音是"顾家",但实际上她不仅对家庭有着规划,也对自己有着严格的管理。她从未停止过学习。就如著名的"冰山管理模型"一样,冰山以上的部分是,现金资产和高收益资产,这一部分资产流动性好,具有获取高收益的能力,但是缺点也明显,抗风险能力差。冰山以下的部分是实物资产、保障类资产和长期稳健收益类资产,这一部分资产收益稳定,能够撬动时间杠杆,缺点是流动性较差。

很显然,顾佳和丈夫创立的烟花厂,就如同冰山以上的部分,高收益资产,但抗风险能力差,所以顾佳也一直想要寻求产业转型,比如后来接手的茶叶厂。当然,在得知被骗后,顾佳还是用自己的实力证明了,即便是濒临倒闭的厂子,也能在她手里扭亏为盈。

虽然难免有运气的成分,但深挖原因,你还是会发现:顾佳站在了乡村振兴红利的风口,她选对了趋势。过惯了高楼大厦生活的人难免会向往广袤的天空和田野的自由。顾佳正是摸准了人们的心理,看中了茶厂工人的手艺,明白这片茶园的趋势价值,才获得了巨大的成功,成就了自己的财富王国,让自己摆脱了全职太太的枷锁,成就了自己的豪门。

所以说回到一开始疑问,顾佳的底气在哪里?我想,她的底气就在于:她一直没有放弃过对自己的管理和对人生的经营,所以她才可以在面对婚姻危机的时候,云淡风轻地选择放手。

故事虽未结束,人物的命运依旧在发展,如同投资一般,我们一直在路上,需要不断地完善、调整布局,才可以赢得漂亮!

好,感谢收听本期的《财经慧眼》,我是文慧,下期再会!

我们可以看出,《财经慧眼》专栏在捕捉财经信息、解读财经热点时,精准抓住了热衷于财经领域及那些"想要了解财经,却专业知识匮乏"的人士,而且用女性的视角更感性、更细腻地拆解财经,让财经不再高冷。

文慧在央广"经济之声"从事财经节目主持工作,并担任"经济之声"的上市公司观察员,曾在"央广视讯"做手机电视节目主持人及主持人业务管理工作,可以说是最早一批涉足新媒体领域的主持人。在专栏中,她负责从初期酝酿到成品出炉全流程,完成选题筛选、采写编辑、新媒体编排、受众分析等生产链各环节,而这正是对融煤环境的适应之举。

红头"文"荐:又一波准备"红到烫手"的男团诞生了,这个市场吃得消吗?

融媒时代,有声语言创作者需尽早尽快地融入全媒体环境中,利用新技术、新思路打破旧有的节目创作思维,重新整合新模式,其中移动终端的传播力不容忽视。利用移动终端最快的到达率来提高传播范围,将过去传统媒体单一、线性传播转化为更加多元、高效的传播,从而进行价值信息的传递。

红头"文"荐:亏损1155亿,美团还能撑多久?

全媒体传播不仅仅是手段的改变,渠道的多元,更是思维方式、视域视角的自我迭代。学习掌握新技术只是表层,思维方式的转变创新才是全媒体传播的根本推动力,要真正做到"互联网+",而不是简单地"+互联网"。有声语言创作者要持续更新融媒理念,用新的思考方式指导传播行动,在思维层面对自己提出更高追求。

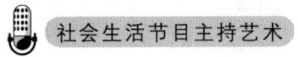

第四章　社会生活节目主持能力训练

这一章将为学习者提供社会生活节目主持和新媒体垂直内容创作的养成路径。第一节有声语言单项训练针对创作者核心能力的培养；第二节融媒语境复合训练针对创作者全媒体传播多元能力的培养；第三章教学实践作品评析是为学习者提供其力所能及的参照样本。

第一节　有声语言单项训练

一、讲述训练

1. 串联训练

讲述的训练从简短串联开始。

提示：找寻在自己理解能力和表达能力范围内的现有节目，摘取专题小片的节点或版块之间的串联词，进行有声语言表达。

要求：串联训练主要是进行故事性叙述或阐释性叙述，要求在规范的前提下尽量口语化、生活化地表达，灵活运用多种话语体式、话语样式。提高创作主动性，在串联语中合情合理地加入自身独特的感受、观点，运用个性化的阐释、评论方式，让自己呈现的部分真正具有价值，而不是成为专题小片的"附加品"。要发挥出串联词应有的能动作用,实现其与专题小片的功能区分。

示例:《电视往事:中国电视剧二十年纪实》第 1 集主持串联词

生活轨迹的转换,社会历史的变迁,各种文化现象的潮起潮落,这些纷杂的记忆经过岁月的洗刷,可能在人们的脑海里已经变得模糊了。但在以下我将要叙述的内容里,它们却鲜活依旧、生动依然,因为我们有了电视。从 20 世纪 70 年代末至今,三十年来,电视剧里的生旦净末,为我们忠实地演绎着一幕幕人间悲喜故事,而现实生活中的跌宕起伏又导演着电视剧里的唱念做打。对中国电视剧而言,1980 年到 1999 年的二十年间,正是它蓬勃发展的初级阶段。这个时期有多少作品曾让我们怦然心动?又有多少作品造就了万人空巷的奇异景观呢?从今回望,你会感受到那一出出影像带给我们的不只是欢喜悲伤,也在我们的生活中留下了不可磨灭的深刻印记。好了,我们的故事就从 1980 年说起。

电视往事:
中国电视剧
二十年纪实
第 1 集

(专题小片)

似乎就在转眼之间,中国南方的深圳从一个渔村变成了一座现代化的都市,成为改革开放的窗口和象征,封闭的中国大陆开始海纳百川,大量的香港同胞涌入内地,带来了"新奇特"的流行文化:带来了港衫、喇叭裤、三洋牌录音机,还有唱着"何日君再来"的邓丽君。那么,怎样看待这些汹涌而来的流行事物呢?一时间,许多国人还真有点手足无措。当时中央电视台相继播出了两部从美国引进的系列电视剧,一部风靡全国,而另一部则掀起了轩然大波。

(专题小片)

历史在被扭曲之后,渐渐恢复常态,普通人的生活也日趋丰富多彩。一个物质和文明匮乏的年代,一个文化禁锢的时代,悄然结束,枯燥的社会生活逐渐流淌出沁人心脾的涓涓暖流。电视镜头也开始转向普通百姓的吃穿住行、衣食冷暖,原来干瘪的荧屏终于有了人情味儿了。

(专题小片)

如果我此刻再问您,关于1980年您还能记起什么?相信您的答案一定比我们叙述的篇幅要长出许多许多。1980,那是一个电视正在长大、逐步进入生活并引领潮流的时代,哪怕这种潮流有时候看起来幼稚不堪,令人啼笑皆非。1980,有多少往事让我们怦然心动?这些往事曾经清脆地敲打着新时代的门环,开启了新时代的大门。也许1980年不仅是新旧两个时代的分水岭,更是一座记忆的里程碑。

2. 演示讲解

道具不是简单的视觉元素的添加,而是"人物行动的刺激物,是人物动作的根源"。[①]

提示:说明一个物件的正确"打开"方式。学习者可选择具有操作性、演示性的道具,借助图板、厨具、实验器材等,一边操作道具展示过程,一边运用有声语言加以说明、补充、点评。

要求:将道具的操作运用与有声语言表达默契地配合起来,能够用有声语言清晰讲解手中的操作事项,情绪、节奏保持一致;务必做到语言内容多于手中操作内容,注意相关信息的补充;表达自然、生动、灵活、精炼;表达、操作的同时能够兼顾与镜头的自如交流。

示例:《好好生活》文怡制作家常菜段落

文 怡:大家好,我是文怡。现在是初春季节,也是感冒的高发期,我们好多人都有流鼻涕啊、喉咙疼啊、头疼的一些问题,是

[①] 孟秋.戏剧元素在谈话节目中的运用[J].电视研究院,2003(6):55.

吧? 今天我们就跟大家分享两道可以预防感冒的家常菜,希望大家在平时一日三餐当中增强自己的抵抗力,好不好?

众嘉宾:哇,太棒了!

……

文　怡:我们要分享的两道菜,一个是银贝雪梨汤,还有一个是可乐姜焖鸡,是专门预防感冒的。第一个,银贝雪梨汤要的东西很简单,我们随时都可以买得到,像银耳啊,可能就是这个川贝不太常见。我们经常喝那个川贝糖浆,但很少有人知道它长什么样,我们用这个川贝来煲这个梨水呢它很有效,尤其对治疗咳嗽特别有用,还可以化痰。但是我们在做之前一定要用清水把它浸泡一会儿,而且第一道浸泡的汤呢是不要用的,因为川贝有一点点苦的味道,我们一定把浸泡的第一道汤给倒掉,尤其给孩子喝,千万要记得啊。然后呢,我们把这个梨切成块儿。一般我在家里煲这个糖水,要是不着急的话呢,会放在砂锅里慢慢地炖,大概一个小时的样子,最后呢把那个银耳都炖得黏黏的。今天呢,我要给大家分享一个快捷的方法,就是七分钟!

嘉宾1:七分钟!哇!平常真的是起码是半个小时以上,感觉那个梨才会对炖得烂。

文　怡:这个雪梨啊,只要把它洗净,然后呢连皮带那个核一起切成块儿,就行了。

嘉宾1:那个核都不用去的?

文　怡:不用不用!连皮带核。

嘉宾2:因为这个梨里边的这个营养更加地丰富。

嘉宾1:文怡,我有两个问题,也就是,因为我们知道梨有很多种,有雪梨啊、有香梨啊、有鸭梨啊,那我们为什么用雪梨?然后挑这个梨它有什么方法?

文　怡:先跟你说挑的方法吧。刚好我这还剩了点儿。做这个汤呢,最好是能够用雪梨,因为它的润肺的功能可能更强一些。但是如果你买其他的梨呢,可能也可以代替,只不过它的那个功能稍稍弱了那么一点点。你挑雪梨的时候,一般我们有四个方法:通常啊,就是你看它这个颜色,比较金黄。然后呢,这个上面的颗粒比较多,而且你摸上去麻麻的,其实把它切开,里面也是麻麻的,果肉部分也是麻麻的。另外呢就是雪梨的产地啊,我们中国的河北会比较好一点。另外,你买的时候掂一掂,很沉。

嘉 宾1:哦,沉就是水分比较多。我来摸一下。

文 怡:这个梨呢,我们大概用一个就行了,因为它挺大的。银耳呢,我已经提前发好了。把川贝倒进来,加入水。

男主持:那现在就做这个,雪梨放在里边的话,跟感冒有什么关系吗?

文 怡:它也可以润肺啊,可以化痰呀,主要是清热去火,对吧?

男主持:这个是民间说法,还是确有其效?

嘉 宾2:确实有这个功效。这个雪梨非常有好处,可以祛痰,可以止渴,可以生津,而且呢还可以健脾。

文 怡:倒完了清水之后,再把这个冰糖倒进来,根据你的口味放吧。要不太喜欢吃甜的,可以少放一点。放完了冰糖之后,用保鲜膜把它盖起来,用高火打7分钟的时间。

(放入微波炉加热)

刚刚我们做的那个银贝雪梨汤就是针对这个风热感冒,也就是我们说的热伤风。

……

我们刚刚那个预防风热感冒的那道汤在微波炉里转着,接下来我们做治疗风寒感冒的可乐姜焖鸡。鸡翅、可乐、姜,还有柠檬。我先挤上一些柠檬汁,味道会很香,而且呢可以给这个鸡肉去腥,最重要的是这个柠檬汁呢浸在这个鸡翅的表皮,它会软化里面的脂肪。

嘉宾1:富含这个维生素C,而VC的话对感冒治疗是非常有用的。

文　怡:我拿这个叉子在鸡肉这个表面啊,正面这一层扎几个孔,这样呢它比较容易入味儿,而且呢在一会儿做的时候呢会受热和吸收得比较好。然后呢,我们在背面给它切两刀。

嘉宾1:也是(为了)入味儿哈?

文　怡:对,这样的话入味儿效果会更加好。除了用柠檬来腌制它,也可以倒一点点可乐,这样的话会让那个鸡肉呢更加地软嫩。我今天做这道菜,锅里面是没有油的啊。我们把它烧热,然后改成小火,然后慢慢慢慢地煎它。但是记得一定是扎孔的那个正面啊。

男主持:这个叫作以其油炸其身。

文　怡:一侧呢已经被煎得有点金黄色了,然后就可以煎另外一面了。用它刚刚鸡翅自己本身出的油来煎炸另外一面,把两边那个鸡肉都煎成金黄色。然后我们可以把提前切好的这个姜呢放进去,它和平时的菜放姜的量不一样。好,我觉得现在两边都已经煎得差不多了,双面都已经是金黄色的了,然后姜的味道呢也已经跑得差不多了,我们把可乐倒进来。

嘉宾3:为什么要用可乐啊?

文　怡:可乐里面有小苏打的成分。

嘉宾2:咱们都知道这个是碳酸饮料,它含有这种二氧化碳,它呢可以使姜挥发得更加充分,真的有发汗解表的作用。这样也告诉大家,就是说,药补不如食补。

嘉宾3:食物是最好的药。

嘉宾2:哎,没错。

文　怡：来，往这个里面倒一点点生抽，然后再加入一勺糖，还有盐。然后呢，把我刚刚揉皱的这个锡纸啊，放到这个汤的表面上去。

男主持：等一下，大家有没有看清楚他在干什么？在那个炸鸡翅的这个油锅上面来放一个锡纸，知道它起什么作用吗？

现场观众1：把它的香味保持在里面。

现场观众2：去油。

现场观众3：我也搞不清的。

文　怡：我刚刚已经听到准确答案了，我放这个揉皱的锡纸只有两个目的：第一个呢就是吸附掉汤里面出来的血沫，因为我刚刚没有用勺子把它撇掉，对不对？这些浮沫呢就会被锡纸的那个褶皱部分给它吸收掉。另外呢，盖上锡纸之后就更加保温，原本我们做这道菜需要12分钟，现在的话大概有7分钟就能够好了。

……

炖个五六分钟的时间，我觉得这鸡翅已经差不多好了……我们先来看看这个锡纸，上面已经附着了很多的浮沫，看到了吗？能看到吗？下次在家里面炖东西，如果不想打浮沫的话就试试这种方法。冲干净就可以重复使用。然后改成大火，把这个汤汁呢稍微收得黏稠一点。这个汤汁已经慢慢慢慢地开始变黏稠，冒这种大的泡。

……

我们防风热感冒的银贝雪梨汤已经好了。我们准备开饭吧。

3. 体验述评

身处外景或实景，真实接触现场，进行体验述评。

提示：学习者选择文化景区、美食场所等可感元素丰富的现场进行体验感受，拟定框架，做好背景文案，即兴述评。

要求：亲历过程，调查述评，既要有新闻敏感，又要有较强的感悟能力，调动各感觉器官去体验过程;善于观察、发问、采集,善于描述、复述、短评。描述需思路清晰、信息充足、避免冗余、生动鲜活,点评需逻辑合理、角度独特、短小精悍、有理有趣。

示例:《四海漫游:端午的习俗》体验式报道段落

四海漫游:
端午的习俗

配音:您要是一个喜欢静静地度假的人,没问题。我也给您找了一块既安静而且还非常清凉的秘境。

报道:(驱车途中)我们刚才一路开车过来,往道边儿一看,所有人都惊着了:路边一大块冰!你想这都什么季节了?6月份了!短袖、短裤,树都绿了,这儿还一大坨冰呢?!而且这冰你看,有多厚!6月份啊,能看见那么大一块冰,站在那冰上,我就觉得整个人啊跟冰镇的一样,倍儿舒服。

配音:当时我记得我给北京的朋友打电话,他告诉我说当时城里的温度35度,那冰上的温度啊,虽然我没测,但我觉得就是穿一短裤、短袖,站了没一会儿就开始打哆嗦了。

报道:当地人一直跟我说,喇叭沟门这个地方呢叫作"北京的北极",就是北京的最北端,而且呢常年的平均气温22度,所以还有一名字,就叫"22度的北极"。人说,你们北京城最热的七八月份,这块冰可能化不了。咱这是什么地方?早穿长袖晚盖棉。所以要是想避暑,您奔这儿来就对了。而且这不但凉啊,还有一个全北京都能排得上数的优势。

报道:(白桦林)当地人跟我讲啊,说有一件事情他们特别自豪,就是今年年初的时候,据说全北京只有两个地方是空气达标的,一个是门头沟的灵山,还有一个,就是我脚下的这片原始白桦林。喇叭沟门的原始白桦林就是我们要寻找的秘境了。其实啊,说是秘境,在北京城里喜欢登山的人要是看啊,这真算不上什么秘密。因为从山脚一直到南猴顶的这条山路,早就被登山者们评为咱北京最舒服的登山小道了。舒服在哪儿啊？第一，舒服了腿。这条山道，它不是那种人工铺成的石板啊、台阶路，是一条蓬蓬松松的土路，所以你一脚踩上去觉得特别松软，不伤膝盖，也不伤腿，非常舒服。

走在这片白桦林里啊，给人的感觉真的是，走在了一幅特别美的画里边一样。这白桦树是那种洁白的树干，然后再配上一好天儿，你看蓝天白云的，然后太阳光从那个树冠顶上撒下来，给人感觉特别地幸福。我就想，你说等到秋天的时候，白桦树那树叶全都变成金黄色的了，然后有的还带着红色，你想象一幅画面，你一定会觉得那是特别美的样子。而且我觉得这个白桦树，更有魅力的在于它树上有很多那种树眼，就是不同形状的眼睛，你在林子里走，会觉得真的是有无数双眼睛在看着你，特别有生命感。

报道：（白桦谷彩叶区）这儿是白桦谷的彩叶区。我觉得如果您是一个喜欢开车的人，一定要到这来试试。因为这条路啊，是真正的汽车公路赛的赛段，非常棒。所以今儿呢，呵呵，（我）准备自己来过个瘾！

配音：白桦谷是白桦林下面的一片谷地，这片谷地里修的这条道路全长30多公里，而且是条环线。平时呢车很少，每年这个时候，这边都会聚齐了北京甚至说是全国公路拉力赛的高手，在这条车道上一决高下，看看谁才是真正的"白桦谷车神"。就是在平时，也有很多赛车爱好者来这儿，试试自己的车技怎么样。

报道：这条赛道给我的感觉呢，弯道很多，所以驾驶感还挺强的。但是另一方面，它坡度不是很陡，就是很平缓的那种，所以我觉得难度系数不会太高，哪怕是初学者，我觉得应该都能适应，所以还是挺好玩的。

这白桦谷赛道的特色啊，就是"大小通吃"。您说您是赛车高手，想在赛道上大显身手，没问题；您说您是刚刚入门，就想体验一下赛车的滋味儿,也没问题。但是根据这条赛道上体验过无数回的经验人士说,有一个时间段,如果您那赛车水平不过关的话,别上这儿试来。为什么呢?原因就一个字:美。等到秋天的时候,差不多八九月份,那个时候啊,漫山遍野全是各种层次的颜色,极美。所以这个地方的公路赛一般也选在八九月份,那个时候你开在路上,比赛什么的我觉得都不重要了,景色太漂亮了!

……

报道:(农家小院)这儿住的地方很有特色,吃喝养生,住的地方呢,就是养心。这地方啊,(我)真是太喜欢了!本来这种山林间的小木屋就够吸引人的了,而且这很独特地设计了一个玻璃的环境。你想一下,早上起来躺在床上,不是闹钟把你叫醒,而是透过玻璃屋的一缕阳光,然后再加上鸟叫声把你叫醒,这个感觉啊,真的是非常幸福。而且等到了傍晚的时候,这边火烧云一起来,又是不一样的景象。但我个人觉得更好的,是真的等到了晚上,因为这种玻璃屋,你往这儿一坐,360度无死角的星空啊,太浪漫了!

4. 篇章叙事

篇章叙事训练创作者对篇幅较长的文章的处理能力,对应的是"主述功能"。

提示:选择千字以上结构较为完整的文稿,叙述为主或夹叙夹议,较为完整地表述一个故事情节或讲明一个道理,用既平实又生动的语言,拆封一份档案,讲述一段历史,解读一种文化。

要求:基调准确,态度明确,分寸恰当;层次鲜明,重点突出;富于变化,整体性强。

示例:《科技富能量》文案

在 iPhone 首次将 3.5 毫米耳机接口取消后,除了打游戏要一边听声音一边充电的玩家之外,"哀嚎"最大的就是音乐爱好者了!

自己动辄上千元买的耳塞无用武之地了。随后大量安卓机跟上，取消3.5毫米接口，改用Type-C接口耳机。

取消接口好处多多，减少电路板被占用的面积，节省内部空间，防水更好，手机外观设计更加漂亮。另外，对于厂商来说，还能顺势推出自家品牌的耳机、耳机转换头等，同时还能进一步向"无线化"生态推进。手机取消3.5毫米的耳机接口，从"有线"到"无线"，类似AirPods等设备的推出，苹果明显是行业的"领头羊"。

有的人死抱着3.5毫米耳机，只能通过转接口来听，同时音质也受到影响。

苹果在推出iPhone 7后，自带了一根Lightning转3.5毫米耳机口转接线，用于兼容老款耳机。

一大票"去口"的安卓手机也提供了"类似"方案，也是一根转接线用于兼容老耳机。"类似"是加引号的，虽然这些线看上去很相似，但有着本质的不同。iPhone的那根转接线是自带解码的，它的结构和传统的USB声卡一样，只是外形像一根线。

USB声卡的功能，其实就是将原本内置的解码解放出来，然后由专门的声卡来进行解析。

而安卓大量"类似"的转接线，只是将USB Type-C（简称USB-C）输出的模拟信号进行物理口的转接（iPhone的Lightning接口是数字信号转接），这个转接过程，通常会导致音质劣化，实现的音质甚至远不如iPhone的方案：即在Lightning接口和耳机之间，有一个数字信号转模拟信号的模块（即Digital to analog converter，简称DAC），iPhone7附赠的Lightning接口耳机以及无线耳机AirPods，都内置了DAC模块。

不过安卓阵营也不乏良心设计，最为出名的当属HTC U11附赠的耳机转接线。这根线和iPhone的那根很像，内置了编解码器，也就是一个小型的声卡。这根线有着良好的驱动力，音质表现优于绝大部分常规设计的手机,被很多用户誉为"神线"。

目前这一根转接线,在网上卖到了99块,比其他品牌的转换头贵很多。虽然贵,但是从销量来看,这款 USB-C 转接线屡屡售罄,许多人想买都买不到,销量估计比自己的旗舰手机 U11 还好。有些人调侃说 HTC 还不如改行卖配件吧,这个赚的钱都比手机多。

如果还在坚持3.5毫米耳机接口,对音乐有追求,除了笨重的外接 USB 声卡之外,选择正确的转接口,也许比盲目买高价耳机更方便。

另外,如果你完全不了解这些音频解码知识,但想听好一点的音乐,或者你正在被"忽悠"买好一点的耳机,能还原出歌曲更好的音质,请先不要冲动。

都知道高码率的音频文件代表着更好的音质,可你真的能听出来吗?

你到底是"金耳朵"还是"大木耳"呢?虾米、QQ 音乐特别销售的无损版音乐对你来说是否有必要?

赶紧戴上耳机,复制下面这条测试链接或扫描二维码,里面有6条音频(每条有3段歌曲),质量分别是无损、320kbps、128kbps,听听你能找到哪条是音质最高的吗?

https://www.npr.org/sections/therecord/2015/06/02/411473508/how-well-can-you-hear-audio-quality

6条音频

找个安静的地方,带上你的耳机,如果完全听不出三者的区别(把质量最差的128当作无损),也就不要盲目追求无损、HiFi 了;如果能听对至少一半,说明你对音乐的感觉还是不错的;如果6条全都听对,请继续发烧吧!

不知道大家成绩如何?我6条只对了3条。

当然,这个测试也不能作为科学的标准,因为这些都与你使用的硬件设备有关,好的设备当然会听出比较多的细节。

目前,无损数字音乐在音质上已经非常接近甚至是超越CD了,但是大多数音乐平台都会采用会员享有无损音乐的特权。参考上面的测试,如果你对音质有极致的追求,同时身边的硬件设备也允许,不妨试试。如果你像能量君只能听个响,那就不要盲目追求了。

二、访谈训练

在访谈过程中,主持人是把关人,嘉宾是合作者,双方都承担着重要的传播任务,担负着重要的传播责任。主持人作为传播活动的"灵魂"人物,需要把握并运用好每一个传播元素,使之发挥良好的传播效果。

1. 街采训练

拟定主题,随机选取采访对象,简问简答。

提示:学习者选取社会生活热点,或人们长期关注但没有统一结论的话题,随机采访"路人",询问对方观点,后期做梳理总结。

要求:采访拆分成若干小问题,提问直接简洁,态度认真友好。街采是为了搜集"民意",采访对象尽量兼顾全面,包括年龄、性别、阶层、职业等。

2. 深度采访训练

与一个采访对象深度对话。

提示:学习者选取自己身边熟悉的人,或者自己感兴趣领域的相关人士,进行深度对话。访谈过程中,问题由浅入深,由一般性问题到有争议的问题。

要求:前期对选题和被采访对象做尽可能全面而细致的了解,并对相关资料进行整理;交谈过程中,采访者态度积极主动,尊重被访对象,实现平等对话。以发问形成主线,给嘉宾充裕的发言时间,恰当控制谈话节奏;保持"真听"状态,及时进行反馈、追问、小结。在一问一答间,使嘉宾的形象鲜活、立体地呈现出来,突显嘉宾个性。

3. 话题讨论

就社会话题谈理解,说观点,做评论。

提示:选取一个社会生活中的热点或经典话题,搜集背景素材,整合资料,进行文字创作,可以是逐字逐句的详尽文稿,也可以是框架及关键词的提示型文稿。

要求:阐述照顾到各方关注,评论导向正确,具有一定的教育性、服务性;小口切入,脉络清晰,逻辑合理,落到实处;文字稿需适合口语表达,符合听众的收听心理及接受能力;鼓励有特点的表达方式。

讲故事、说道理,对社会热点、焦点进行总结提炼,或警示启迪,或慰藉娱乐,提供精神层面的服务。

如2-3人共同完成,需要注意合作关系,主控方需控制谈话进程,把握节奏、调节情绪、营造氛围。

三、社会生活节目配音及文艺演播训练

社会生活节目配音与文艺演播都是有稿播音,是节目有声语言表达主要的构成部分,占有非常重要的地位,甚至会影响一个节目的品质。比如,《动物世界》《人与自然》如果没有赵忠祥独特的配音,就会失去其最显著的标签。又如,新媒体"有声读物",文艺作品演播就是其核心呈现形式。这里主要对社会生活节目配音的训练做提示和要求。

提示:搜集内容、风格不同的社会生活节目配音片段进行练习,可以先仿效原作,再根据自己的能力及特点进行有创造性的配音。

要求:辅助视频阐释,铺陈叙述清晰,贴合节目风格,有依据地做艺术性处理,适当渲染气氛,适度融入自身表达特点。

示例:《第十放映室:寒假·影话(四)男儿当自强》配音片段

1991年的春天,一个带着颠覆气质的中国故事,在美国曼哈顿连续放映了一个月,伴着强健的大鼓和《将军令》有力的旋律,正在

海滩上操练的一群精壮汉子，正如早上八九点钟的太阳。这个场景，自然会让人想起梁启超在《少年中国说》中所描绘的"红日初升，其道大光"。主角的扮演者是凭借《少林寺》轰动世界的武术明星——李连杰，他迎来的是继小和尚觉远之后，职业版图中具有地标意义的角色，近代中国历史上影响深远的民间英雄——黄飞鸿。导演徐克也将借着这部系列电影，以娱乐为包装，继续探索武侠片的可能性，甚至尝试用电影重新书写中国近代史。

在李连杰成为新科黄飞鸿之前，香港电影已经有了两位声名显赫的南拳宗师。第一任黄飞鸿是关德兴，从1949年开始，他参与拍摄了将近80部"黄飞鸿"系列电影，凭借这个纪录，他还成为扮演同一个角色次数最多的吉尼斯世界纪录保持者。另一个是成龙，他在1978年袁和平导演的功夫喜剧《醉拳》里担纲青年黄飞鸿，这个角色也是成龙扬名香港乃至世界影坛的起点。如果说关德兴扮演的黄飞鸿胜在数量多、持续时间长、影响力大，成龙塑造的青年黄飞鸿则赢在完成了一个顽劣少年的蜕变和成长，赋予他不屈不挠的品性。那么李连杰的黄飞鸿就必须另辟蹊径，既要有所区别又得完成超越。幸运的是，李连杰遇到的导演是"鬼才"徐克。与之前的黄飞鸿相比，徐克想要的不仅仅是个懂医理会拳术的民间侠客，更是一个先天下之忧而忧，拥有"侠之大者"人格理想的历史英雄。

闭关锁国的东方雄狮不得不在晚清，在坚船利炮的包围下，睁开眼睛看世界。面对西方文明的冲击何去何从，中国传统文化如何传承改进，则是现代中国人必须回答的问题。徐克的"黄飞鸿"系列故事，便是在这样的历史背景下徐徐展开的。

……

徐克的黄飞鸿，是在特定的背景下，他所希望的中国人的形象：少年老成，平和持重，一袭素色的棉麻长衫，一双传统的黑色布鞋，既有民间英雄的洒脱，又不失南国文人的儒雅。这身装扮也和徐克对李连杰的评价——"骨子里就是一个古人"天然地合二为一,很容易收获观众的好感与认同。故事里这个不怒自威的年轻人将要面对的内忧外患是,海上强敌环伺,朝廷官员不顾百姓利益一心保官求和。自己身边更是风波不断,不仅有挟私仇总在滋事的"沙河帮",也有为了扬名立万步紧逼前来踢馆的山东拳师严振东。

……

试图在支离破碎和万象更新的时代里,展示各阶层中国人的生活剪影和精神状态,是整个系列的开篇最为成功的地方。由此,也不难发现"黄飞鸿"系列电影的英文片名直接引用了《美国往事》的原因:徐克想要借着武侠片来记录一个时代的中国往事。

紧接着上映的续集《黄飞鸿2:男儿当自强》,除了延续第一部家国天下的大主题之外,把矛盾冲突集中在了中文和英文的隔膜,中医与西医的碰撞上……因为接受过扎实的基础训练,所以他的武打套路标准到位,他的动作更是将力量与美感结合在一起,从而成就了融速度、力度和柔韧性三者于一体的中华武术之美,他的一招一式既华美似舞又潇洒如风,展现出一种不动声色的儒雅。最为典型的就是,他为黄飞鸿设计的亮相,这个动作也成为后来无数功夫明星竞相模仿的"虚步亮掌式"。

……

也许是前两部的主题略显沉重,到了《黄飞鸿3:狮王争霸》,徐克和李连杰的合作似乎突然之间转换了频率:他们一起团体操练的场地从沿海的岸边改成了紫禁城的午门广场,他们在故事里维护的内容,从革命的火种变成一块代表狮王的金牌。不变的是,那首依旧刚健的《男儿当自强》和黄飞鸿自始至终从不使用杀伤性武器——他或者徒手,或者持扇,或者手握一柄西式雨伞,或者干脆用脱下的长衫为鞭,终结争斗并取得胜利,总之保持了"不战而屈人之兵"的王者风范。如果不是在故事的前两部,李连杰硬桥硬马地立住了一个少年老成的黄飞鸿,只怕到了第三部,观众一定会恍惚:这还是不是黄飞鸿的故事?也没那么容易消化掉相比前两部配比明显过重的插科打诨和争风吃醋一类的喜剧元素。

徐克用充满想象力的"佛山无影脚"和"正义者恒胜"这种简单的手法,轻松化解了电影中的矛盾与冲突,"黄飞鸿"这个自带流量的大 IP,经过徐克的重构与改装焕然一新,成为 20 世纪末中国电影观众心目中最喜爱的民族英雄。

第二节　融媒语境复合能力训练

融媒传播形势下,媒体"中央厨房"成为核心要素。学习者在这一阶段的训练具有综合性,需将自身打造成一个"中央厨房",从整体上把握内容的生产。我们积累了一定的能力养成经验,那就是让每一位学生真实地进行新媒体的内容创作,培养学生新的传播思维方式,同时向传统媒体传播的高规格看齐。

微信公众号推送是学生能够接触到的具备贴近性、实践性、独特性、可行性的融媒传播方式。所以,我们以微信公众号为训练平台,以制作订阅号推送为训练手段,进行内容创作能力的培养。

一、有声语言融媒内容创作的项目要素

文字图片与音频视频,是公众号推送的主要构成元素。目前我们看到的诸多公众号,文字图片一般是必备项目,原创音视频内容占比非常低。有声语言创作者主导的内容生产,音视频内容应是推送中的必备要素,而且应当占据主要的、核心的位置。各要素具有独立的创作空间,但相互之间又是密切联系、相辅相成的。文字、图片、音频、视频及版面的制作需要有机地融合到一起。

文字、图片与音频、视频之间是什么关系呢？可以对应，亦可以互补。比如音频可以是文字的音声化，视频可以是图片的可视化；音视频也可以是一篇完整独立的作品，文字、图片提供的既可以是梗概式的内容，也可以是附加背景信息的内容，比如背景知识、创作思路、创作心得、幕后花絮、作品点评等。有声语言创作者具有相当强的主动性，可以使作品形成鲜明的个性特征；用户亦可以自由选择接收的内容和接收的方式，比如场景允许就选择播放音频、视频，不允许就安静地阅读文字、图片。另外，新媒体传播具有互动优势，用户可以通过评论进行及时反馈，创作者能够在短时间内得到评价、意见和建议，并尽快作出回应。

二、有声语言融媒内容创作的具体路径

首先，明确用户。当下，我们处于一个"多屏时代"，用各种电子终端来接收信息已经成为一种常态的生活方式。在这种互动性极强的传播环境下，人们形成了一个个质与量皆有不同的"社群"。所以，内容生产的第一步，是要确定对象，确定他们到底是怎样的人群，准确地说是社群，包括实际用户与潜在用户，以便进行精准投放。

其次，设置场景。"场景革命"是当下融媒传播语境中一个被频繁提及的概念。场景，既是播出场景，亦是接收场景。为了更好地理解这个新概念，我们先来回顾一下在传统媒介进行传播时，节目策划考量的因素是播出频率、播出时间、播出时长等。在新媒体、融媒体传播语境下，由于网络技术、数字技术的支持，只要用户有需求，就可以或可能在任意时段和环境下，选择收听收看。那么，现在我们的创作目标就需要改换为：用户接收时的场景是什么样子？用户当时可能处于一个什么场域里，处于什么情境下？比如，用户需要阅读一个有关文学作品的推送，同时还要听朗读该作品的音频，因此用户很可能会选择一个安静的下午或晚上临睡前，安静地坐在沙发上或是躺在自己的床上，然后一个人放松地阅读、收听，此时用户的心境或许是比较闲适、松弛的状态，这就是我们要设想的场景。

再次,生产内容。融媒内容创作中,有声语言的表达样式主要分为:独白式、对话式和表演式。独白式表达,即用有声语言推进节目内容,由语言创作者独自完成,创作者多是谈自己对主题的感受、观点、主张。对话式表达,有创作者一对一的专访,亦有一对多的群言式、讨论式的对话。表演式表达,主要是对文学艺术作品的演绎,在创作中有朗读朗诵、角色扮演等。在带有有声语言作品的新媒体内容创作中,有声语言作品是核心部分,文字、图片及整体排版风格都是为其服务的。因此,创作者需要具备有声语言的专业基础能力,还需具有整体策划、文字组织、版面设计等多种能力。有声语言专业水平越高,新媒体创作思维越敏锐,越有可能制作出有较高粉丝黏合度的作品。

最后,宣传营销。一个比较理想的 IP 的形成,除了持续更新的内容,还需要宣传营销,扩大产品的知名度和影响力。

三、有声语言融媒内容创作的进阶提示

第一阶段,制作有声语言音频作品,可以选取文艺作品,配上垫乐,可以加一些作者和作品创作的背景介绍、相应的图片等。这一阶段运用元素较为单一,学习者可以专注于有声语言内容的创作。

第二阶段,制作视频作品,适宜做演播室话题阐述。学习者出镜进行文稿播读或腹稿陈述,不用做复杂的设计,无须制作辅助画面切换,把一个话题说清楚即可,文字可以做得丰富一些。从单纯只有声音到加入图像,不是仅仅简单地添加了镜头与画面,而是要求创作者兼顾有声语言和副语言,两者要相辅相成、相互融合、相得益彰。对于经验比较少的学习者来说,完成这步跨越并非易事。

第三阶段,含有复杂声音元素的音频作品的制作。这是一个系统工程,需要整体的策划设计,需要多种声音元素,需要做成一个完整的、立体的作品。创作者在这个阶段需要考虑很多的关系,包括声音元素与主题是否契合,声音元素之间是否融洽,更为重要的是,有声语言能否主导其他元素并

与之和谐。

第四阶段,元素丰富的视频作品的制作。这不仅是一个系统工程,更是一个浩大的工程。这个阶段要集合前面阶段所习得的全部能力和积累的全部经验,还需加上复杂的情节设计、对画面复杂元素的处理、场景镜头的切换等,形成一个内容丰富、形式多样、手段多元的作品,当然,有声语言的把握和呈现是最为核心的要素,这始终是考量作品优良与否的关键因素。

当然,所有阶段都会涉及文图及版面的设计制作,随着阶段的进阶,对这个部分的要求也会越来越高。

第三节 融媒创作教学实践平台搭建与"妙语廉珠"作品分析

"妙语廉珠"[①](原"学声习得记")(图 4-1,4-2)是本人为学生专业学习创立的"融媒小厨",是学生专业实践"练兵上手"的基地,是有声语言学习者作品展示交流的平台,也包括本人在专业教学方面的心得体会。

图 4-1 "妙语廉珠"标识　　图 4-2 "妙语廉珠"二维码

一、搭建融媒创作实践平台的首次探索

"妙语廉珠"是播音与主持艺术专业学生业务实践自媒体平台,由本人

---

① 微信号:byteacherlian,专注于有声语言融媒传播,记录传媒人的成长轨迹。

策划成型并担任专业督导，全部推送作品均由播音与主持艺术专业在校学生创作。"原创"品牌"妙语廉珠"自2016年9月创办至2020年8月，共发布600余次推送，涉及新闻播报、新闻评论、现场报道、社会生活节目主持等专业内容，音频、视频、文图等多种传播手段。参与融媒"实战"的学生，专业能力获得明显提升，在就业面试中也因此获得更多机会。

教师在"妙语廉珠"里的角色是专业督导，对每期推送的内容进行指导，对大方向进行把关。学生的任务是推送内容的全程制作和发布。

"妙语廉珠"包括"习得记""民生新闻""直播课堂""国际国内话题""校园一角""青果汇""最美生活汇""学生汇"，以及新近推出的"妙语系列"等栏目。每期推送以音频和视频为主要呈现方式，文图为辅助呈现方式。主题一般由教师设置，学生自主策划制作，教师在整个过程中进行业务指导。

"妙语廉珠"开办四年多来，逐步展现了利用融媒节目制作促进学生专业实践的优势和特点。

这种教学方式的特点主要是方向明确，针对性强，自主性强，可操作性强，灵活度高，运行成本低等。

这种教学方式的重点在于培养播音与主持艺术专业学生的融媒观念及思维方式，使其具备应对现实传媒需要的多方面能力，同时帮助学生养成自主学习的良好习惯。

这种教学方式的难点，对于教师来说，首先要了解并掌握新媒体技术并具备相应的思维方式及专业技能，以便更精准地指导学生。其次，教师要有强烈的责任心，因为教学时长远超既定工作量且时间不固定。对于学生而言，在自身播音主持业务提升的过程中要更多地掌握多方面的能力，具有布局谋篇的能力，具有面对高强度工作的心理准备。

二、搭建融媒创作实践平台的运行思路

首先，是规定动作与自选动作相结合。教学组统一制定的教学计划是

主线,是教学基石,一定要完成。同时给学生自由发挥的空间。

其次,课内与课外相结合。课堂规模在 12 人左右的学生群体共同"分享"每次仅 4 小时的专业小课,每人真正上口的时间和获得的指导无法满足学生学习的需求,因此课外作业十分必要,但是缺乏严格监督的作业完成情况和质量不容乐观。将作业呈现在公共平台上,学生完成作业的自觉性明显提升,并且更注重作业的质量。

再次,常规与突袭相结合。教师在每个阶段或每一个教学单元都可以和学生共同制定推送计划,以保证实践活动和平台运营协调发展。同时,也需要临时安排一些"突袭"项目,有的是回应热点,有的是专业基本功的"突击检查"。

最后,学习与就业相结合。搭建专业实践平台,不仅使学生的专业成长被记录下来,更能使学生面对真实受众实操业务,还可以联通未来的就业之路。目前我们的"妙语廉珠"平台获得诸多业内人士关注,大家通过平台看到每个学生的成长轨迹和业务水平。学生的呈现是丰富的、立体的,这比短短几分钟的面试和一本精装简历要真实得多,全面得多。

三、典型案例分析

以下案例中,《在路上之暖心尼泊尔》《历史杂货铺》《母亲的厨房》《"以厂为家"的核电人》是学生的音频作品,《一大波神器来了之产品 DIY》《护眼台灯怎么选》《自行车档案》《拜托了大 V:垃圾再见!》《交通发展》《新北京 新生活:无人超市》《校园一角》是学生的视频作品。这里以上述作品为例,展现学生的创作成果和创作过程,分析这些作品的优点和不足。

1.《在路上之暖心尼泊尔》

今年 1 月 28 日,我乘飞机飞往位于喜马拉雅山麓南脉,一个坐落于此的城市:尼泊尔首都加德满都,开启了一段奇妙的支教旅程。之前对于加德满都这个城市并不陌生,不仅因为她是中国邻国的城市,更因为她频频出现在文青的旅行游记里。汪峰也曾在

在路上之暖心尼泊尔

歌中悠悠唱道:"寻找加都的风铃……"于是,我最初对尼泊尔的印象便是清新、梦幻、恬淡与纯粹的。

然而现实总是骨感的。有关尼泊尔的猜想,我只猜对了一半。这里的确恬淡纯粹,但却十分贫困。尘土飞扬的土路让人很难将"清新"这个标签标记在她身上。陈旧矮小的建筑、时常断水断电的基础设施,让人很难相信这个城市便是一个国家的首都。

经过四小时的飞行,我抵达了特里布万机场。整个机场内部十分简陋,但很干净。走出机场,狭窄的道路两侧站满了人,停满了车。夜幕降临,由于当地电力资源很宝贵,所以路灯是很昏黄的。我一个人拖着箱子,小心翼翼地在一个完全陌生的国度寻找着负责接机的当地负责人。还好英语还算过得去,一番周折下来终于坐上了六人座的陈旧面包车,风尘仆仆却又十分安心地前往项目住处了。

到达尼泊尔的第二天上午,我与其他志愿者便开始了教学工作。在这次志愿活动中,相关帮扶学校有当地幼儿园、小学、中学。我被分到了当地一所公立学校,范围涵盖幼儿园到高中。我进入这所学校的小学四年级班,与这个班的 10 多个孩子度过了愉快难忘的 7 天。

尼泊尔的学校条件普遍很艰苦,这里的教室很难和我们平时所习惯的宽敞明亮的教室相比。走进教室,一间 10 多平米的小房间,墙壁、地板都是未经粉饰的水泥材质。小小的房间里摆放着几把长椅和长桌,就算是课桌与课椅了。虽说教室环境比较简陋,但尼泊尔孩子们的校服却是很可爱的,每个孩子都有两套校服,一套西装,一套运动服,甚至统一了帽子与鞋子。学校老师告诉我这样做的原因是,尼泊尔的贫富差距较大,有些孩子的家庭可能衣食无忧,但有些孩子的家庭可能光是生存就要竭尽全力了。学校希望每个孩子可以统一服装,在学校里大家都是平等的,这样可以减轻孩子们的心理负担。

我主要教授孩子们英语。他们有专门的英语教材,教材共分为词汇和语法两部分,新的词汇和语法穿插在一篇长文段中。我曾经有过教小朋友的经历,但是教外国小朋友,倒是一段全新的体验。在上课前,我还特别担心孩子们放不开,会害羞,然而事实证明我完全多虑了。孩子们真的是异常活泼啊!他们不断地问我叫什么,来自哪里,喜欢什么东西,中国是什么样的等问题。虽说可以理解孩子们眼睛里闪烁的好奇之光,但作为老师的我还是需要控制课堂纪律和秩序的。说理与呵斥并行,最终可算能让教学较为顺畅地进行下去。

我先是带着孩子们学着读、写新单词,掌握新的语法知识,然后再进入文段的学习。尼泊尔的孩子们英语水平普遍较好,这得益于他们生下来就生活在尼泊尔语和英语这两种语言环境中。然而他们的发音却有一股浓浓的"印度味儿",因此我还需要特别用心地矫正他们的发音,仿佛在上播音专业小课似的。虽说正音并不简单,但是听着孩子们越发标准的发音之后,心里被满满的满足感所填充。

因为地理位置特殊,高山环绕着的尼泊尔全境大部分地区被灰尘笼罩,尤其在少雨的冬季。这是一种绝望和真实,对于大多数生活在尼泊尔的人而言,是极难逃离的。

人们在终日不绝的灰尘里洗漱晾晒,在狭小的小巷控制着车辆的微妙平衡,在颠簸的山路上与水土流失严重的高山交流,信仰的神明在头顶照亮信念。

……

幸福对于每个人的定义都不尽相同,我们不能理所应当地用自己的价值观去评断别人的幸福。于我而言,幸福其实很简单,一句亲切的问候,一把为你准备的椅子,一次温暖的相遇,这都是幸福。

尼泊尔之行使我感到,小孩的心是纯净的和可塑造的。无论家庭贫穷富贵,学校环境是否优美,都无法阻止一颗向上的心和努力优秀的可能性。现实残酷,却不扑熄谁的微光。

学生创作手记: 该选什么主题呢？这是我在策划时思考的第一个问题。虽说节目题材范围不限,可选择的主题很多,但是要想把一档节目做得生动、做得有意义,就需要我们选择一个自己了解得全面、有切身体会的主题。不仅要从自身经历和知识储备出发,还要站在受众角度考虑,受众喜欢听什么,对哪些话题感兴趣？因此,首先要明确的是节目的受众定位和播出目的。我将自己的节目定位为面对18—25岁的青年的旅游节目。主要内容是分享旅途中的经历与感悟。主题明确后,我决定分享2018年2月我在尼泊尔做国际志愿者的经历。

在文案撰写方面,我以时间为线索,以初到尼泊尔到离开尼泊尔为时间线,进行记录与分享。我的文稿是用于书面阅读的,在上口播的时候,我发现并不能全然照着文稿念,要注意口语化、生动化。

分析: 这个作品可圈可点之处如下。

首先,文稿原创,文笔流畅,可读性较强,具有一定感染力。创作者选择了一个自己非常熟悉、有切身体会的主题,记录和分享自己的亲身经历和感悟,真实而有温度。

其次,目标明确,精准投放。这个作品的定位是以18—25岁的青年为主要受众群的旅游节目。创作者之所以定位这个年龄段的受众群,是因为这个年龄段的人对世界充满好奇,普遍喜欢旅游、猎奇。在节目中,我们不仅可以分享旅游胜地,还可以寓教于乐,将旅途中的所见所感与各国文化常识分享给受众。

再次,创作者采集了很多声音素材,尤其是孩子们的欢声笑语和当地的风俗活动的音效。虽然由于时长限制,只能在音频作品中放入一小部分,但是足以令听者感受到孩子们的纯真可爱和当地的风土人情。

最后,有声语言表达并不是逐字逐句播读,而是进行了口语化的微调,讲述感较强,情绪贴合,真实亲切,清新活泼。

略有遗憾的是主持段落录音条件不理想,效果略打折扣。

2.《历史杂货铺》

片头串词:最 fashion 的历史生活,最有趣的民俗趣事,寻找千年前的现代文明,一切尽在 FM98.6《历史杂货铺》。

历史杂货铺

人物:老王(巡尉官)、刘哥(潜火队)、小李(餐馆老板)

对白:

(环境音:人声、马蹄声、鸟鸣、开门声、脚步声)

场景1

小李:欸!你还别说,上次咱们哥儿仨逛得呀,那是真过瘾啊!照我说还是你们当差的好使。

刘哥:你啊你,这没尝过的新鲜事儿还多着呐!

场景2

小李:来来来,尝尝我店里新做的鱼,保证好吃。

场景3

老王:当今圣上开恩,过两天再暖和点,园林开放了,咱哥儿仨进里头转转去!

场景4

小李:我是小李,是个汴梁城里的小市民。我有两个发小,都在城里头当差,老王是内城里一个军巡铺的捕头,手下有四五个人。老刘在开封府里潜火队当差。而我呢,开了个小店,做些家常小菜,他们二位没事儿就来我店里坐坐,点两瓶酒几道菜,我呢,也乐得从他们嘴里听些八卦。

串词:听众朋友们,大家好!欢迎收听 FM98.6《历史杂货铺》,我是逸晨儿。这上一期啊,小李跟着王捕快尝了鲜,体验了一把汴梁城里的夜生活,从此魂不守舍。有朋友就说,这些事儿听起来还是不过瘾。您听到了吗?三个字,不过瘾!今天呐,逸晨儿打算再穿越回去,看看小李又会有什么新遭遇。

对白:

场景5

小李:呦,老王啊,咱这可是有日子没见了,最近又忙活什么呐?我这儿可是来了批上好的酒,就等着你来了!

老王:哟!有好酒啊!快快快!拿上来拿上来!我跟你们说,最近,封丘门外啊发生了一起命案,我们抓不到人,估计十有八九藏到无忧洞里去了。

刘头:哎,真是,这最近城市治安不太好,这不前几天,大晚上的我们队里面接到信儿,望火楼里的瞭望兵看到狄大人府里有火光。于是我们火急火燎跑过去一看,原来是在拜鬼神!你们说说啊,这事儿气不气人?!气不气人?!

串词:其实啊,老王的部门在现在就是警察,主要负责维持社会治安、缉拿盗贼、捉拿逃犯什么的,不管那些个夫妻闹离婚啊、诉讼啊之类的东西。在汴梁城里面每三百步就有一处巡铺。至于刘哥所在的潜火队,就跟老王的部门有关系,军巡铺有火灾报警的责任,而老刘就是跑腿的,哪里有火,哪里就有我刘哥。

不过啊,虽然累、虽然苦,也有好处。比如说赶往火灾现场的时候,路遇高官不用避让横驰而过,那家伙给威风的!不过,刘哥一辈子当大官的瘾也就那么一瞬间。受伤也会有官府救治,消防器械也由官府购置保养,及时增补。

对白:

场景6

老王:嗨,最近哥几个都不容易,咱们好好聚聚,上一盘红烧肉,来个环饼,加份鸡丝面。

刘哥:给我来瓶酒,上个火腿。

小李:得嘞!

串词:趁着小李他们喝着酒的功夫,我得跟您介绍介绍宋朝的美食。别看这老王和刘哥在店里头吃得欢的,其实啊,早在一二百年前,人们还只吃两餐呢!不过,现代人是因为生活作息不规律、生活节奏紧张,再者就是为了减肥(笑声)。唐宋以前的平民呢,则是因为粮食产量不够,一日三餐制只有到了宋代才逐渐普遍。

说起吃呢,宋朝人那是真会吃。现在我们说的火腿、东坡肉、涮火锅、刺身、油条、汤圆、爆米花,等等等等,都是宋朝人发明或从宋朝流行起来的。我们来说一个宋朝最有特色的美食:"脍","脍炙人口"的"脍"字,就是生鱼片,在宋朝非常流行,就连陆游和苏轼都非常喜欢。

烹、烧、烤、炒、爆、溜、煮、炖等复杂的烹饪技术,也都是在宋朝成熟起来的。厨房的调料,什么盐、蜜、酒、醋、糖也都跟现在的差不多。1998年美国《生活》杂志评选出的一千年来影响人类的一百件大事,其中宋朝的饭馆和小吃排名第56位。不过这些事儿啊,当时的小李老王们当然就身在福中不知福了。

对白:

场景7

老王:小李,你这儿最近生意怎么样?我看这隔壁刚开了一家旅店?

小李:最近还不错。这家店是城西张家开过来的,好像还挺有背景的,能在这儿拿地,听说这张家还挺有野心。啧啧啧!

刘哥:嗨!没事儿!通天的能耐,也就是一开店的。这有我跟老王罩着,出不了事儿!

串词:如果你生活在宋代,要外出赶考和旅游,不用担心住宿。

到了这时候,遍地都是客栈。其实,在旅店里还有一项文化特别发达,类似于我们现在的百度贴吧和网络论坛,叫作"题壁诗"。有的驿站还设置有诗板,专供旅客打发旅途的寂寞。不仅有人题诗,还有人跟帖,宋人周辉曾看到署名"女郎张惠卿"的诗,"迢递投店前,飕飕守破窗。一灯复明暗,顾影不成双。"回程时发现"和已满壁",跟帖留言非常之多。仅凭这一点,古人的迁客骚人这个"骚"字,那是当之无愧(笑声)。

好了,听众朋友们,本期的《历史杂货铺》就到这里了。在下期节目里,小李和他的两个铁哥们儿将去一个有意思的地方。这里给您一个提示:这地儿卖的东西呀,跟女子有关。欢迎您把答案回复给我们的微信平台"历史杂货铺"。我们下周五晚六点,不见不散!

学生创作手记:之所以选择历史人文类的广播节目,一方面是自己感兴趣,之前读过宋朝历史的趣事,也在自己的公众号做过几期相关主题的内容,对此有一定的积累;另一方面,老师的肯定和支持给了我莫大的信心。于是决定结合自身特点,把历史中的小事儿用有趣的方式讲述出来。

我选择了宋代的历史作为重点,因为宋代的种种现象和制度很贴近我们现代人的生活方式,比如猫粮店、外卖馆等,这些可以吸引听众的兴趣。

形式方面,我安排了情景剧式的对白和广播节目主持相结合,分别在节目开头和中间安排了四处人物对白。我的角色是现代的主持人和古代汴梁城里的小市民小李,通过情景中小李和朋友的生活对白,引出要为大家介绍的古代知识和趣事。我认为这么安排更能让听众身临其境,获得带入感和真实感。

内容方面,我安排了宋代美食、住宿、治安三个部分的内容,还有很重要的一点就是,我特意在每处讲解中设置了与现代人生活的对比,因为如果只讲古代，可能贴近性就不那么强了。

语言表达方面，我尽力做到口语化，着力营造一种轻松诙谐的讲述感。

版面创作方面，我把人物对白放进推送，增强真实的人物感，又把比较亮眼的美食图片放在推送中辅以文字描述。在开篇用《清明上河图》的图片，一方面为节目定下一个基调，是历史人文类的节目，另一方面，把声音可视化，把古代的事用诙谐的语言讲述，用情景剧演绎，听众可以在《清明上河图》中找寻到细节。这些元素综合起来，用户的体验就会比较丰富和多元了。

总的来说，我在做这些的时候想接地气，想营造出轻松、诙谐、幽默的气氛，将严肃的历史中的趣事儿讲给大家听，这是我思考的出发点。

分析：这个作品具有比较强的创新性，其鲜明的特点是一直在"穿越"。

内容穿越：介绍的是宋朝的历史、风俗、趣事，与当下相类似的事物、情境相联系、相比较，把搜集的资料中的文言文、书面化的语言都改成了口语化、生活化的语言，通俗易懂，一听即明。

结构穿越：作品从宋朝的小酒馆到节目录音间，从当下生活场景又到宋朝的大街上，伴以喧闹的人声、车马声，配以欢愉的中国风音乐，把历史中的"小事儿"趣味十足地演绎出来。场景变换，时光穿梭，前往历史，回到未来，听者的注意力能够一直被吸引。

表达穿越：作品中有声语言的呈现主体，一会儿是宋朝的剧中人——汴梁城里的小市民小李，一会儿是节目主持人。无论哪一个角色，创作者的呈现都尽可能口语化、生活化，有真实感和带入感，营造一种轻松诙谐的氛围，使听者仿佛身临其境，兴味盎然。

版面穿越：作者用宋代《清明上河图》的图片作为开端，既为节目定下历史文化基调，又能让听者跟随音频讲述的内容在图中找寻画面细节；把情景剧人物的卡通形象及对白放在版面中，让声音中的人物可视可感；把吸引眼球的美食图片放在推送中辅助文字描述，令读者垂涎三尺……这些综合起来，使得用户的体验更加丰富和多元。

母亲的厨房

3.《母亲的厨房》

我家的一日三餐从一颗鸡蛋开始。

我时常想,如果一颗蛋投生到我家,每天早晨也许就是它的噩梦。或蒸,或煮,或煎,总之有一百种做法,辅以再不喝就过期的酸奶,成就了看起来极具性价比的一餐。也许你想问,为什么就只有鸡蛋呢?这事儿啊,还得从母亲的厨艺说起。

在我的印象里,母亲是从不下厨的。从小到大,在厨房里忙前忙后的,永远是我爸。在川渝地区,这种现象很常见,外地人称这样的男人"耙耳朵",觉得他们是因为耳根子软怕老婆,所以才"被迫"下厨的。其实不然!以我爸为例,但凡他在家,我妈就没有进入厨房的资格。父亲享受一人做饭的乐趣,反倒是母亲每每兴致勃勃地想要帮衬,结局无一不是被"无情地驱逐"。久而久之,母亲原本就不怎么精的厨艺技能,自然也就用进废退了。可以说,如果没有这一次疫情,这种情况也许会一直持续到现在。

疫情爆发后,父亲作为一线的社区工作人员,早在大年三十就开始复工。在因工作原因连续几天接触了武汉返渝人员后,父亲毅然决然地决定不再返家,不为家庭增加思想负担。于是,疫情期间负责我一日三餐的任务,自然而然就落到了母亲身上,因此,"鸡蛋的一百种死法"也就不足为奇了。

不过,如此贬低母亲大人的厨艺,确实是委屈她了。事实上,母亲的厨艺每天都在以肉眼可见的速度飞速提升,这其中一半多的原因还要归结于我。作为一个资深馋猫,即使是在疫情期间,我对美食的渴望也从来没有减弱:一周至少要吃三次小面,还有自煮火锅,这是重庆人民最后的倔强,更别说什么水煮肉片、火爆鸭胗、芽菜四季豆……由于我的挑嘴,母亲不得不学着从头做起,最终还真的成功晋升:从蒸炒鸡蛋到素菜清汤,最后竟然慢慢摸索出了腥荤鱼肉的做法,进步程度着实令人欣喜。在家的这一个多月,母亲爱上了在红案白案间游走的生活,也让我开始对饮食这件事有了重新定义。

在外读书的日子,没事总喜欢叫上三五好友一起下馆子,在各式各样的"网红餐厅"里流连:装潢精美、摆盘精致,往往价位颇高;有的餐厅大搞限定排号,即便如此,在等待良久后终于呈上的餐食也逃不过"先拍再吃"的命运;吃完作罢,匆匆离去,为下一桌正在等待的客人腾移位置……饮食之于人,原不该如此复杂。

有多久没有细品过食之本味了呢?或许是米粒在咀嚼中爆发的清香,是肋骨在小火慢熬里激发的浓醇,是花椒与陈醋在香油的混合下擦出的绝妙反应……种种对食材最原始的体察,我都在母亲的厨房里找到了答案。不在于菜品多么繁复,也不在于环境多么高雅,简简单单但认认真真的一日三餐,就是人类对饮食抽丝剥茧后最纯粹的喜欢。

如果要在这些天的一日三餐里选一道我最爱吃的菜,那必然是凉拌折耳根。折耳根,学名鱼腥草,遍布重庆的山区田坎,是一种发于春天的野菜。在外地人眼中,它有着地狱般的口感,但在广大西南地区的人们看来,这种形容简直是对这般天赐良品的亵渎。一勺米饭,充满深情地从饭盅里舀出,堆成香喷喷的尖顶白厦,立春后第一批新鲜的折耳根,在油亮亮的红辣子里翻滚,混着独特的野菜香,呼哧呼哧几口下去,酣畅淋漓。

母亲说,吃了折耳根,春天就真的要来了,我相信。到那时,所有的餐饮业又会重新开张;也许我还是会热衷于前去品尝某家新出的菜肴,但我始终会深深地记得,在万物萧条的日子里,那碗普普通通的折耳根曾带给我的满足与希望,就像永远不会忘记2020年伊始这个漫长的冬天一样。

学生创作手记: 创作的灵感源于今年这场突如其来的疫情。在每一个即将发生和已然发生的重大时间节点面前,人类都显得非常渺小,但也恰恰最能体会人情温暖。当一日三餐撞上封闭疫情,就造就了一篇《母亲的厨房》。

选题上,从稀疏平常的日常生活中寻找特别"点",这个"点"就是母亲在她过去四十多年的生活里,从来没有正儿八经下过厨房。从她第一次下厨的那颗鸡蛋开始,我就可以预见她的"漫漫下厨路"注定充满趣味。母亲是个不服输的女人,过去不做饭,或多或少有父亲帮衬着。然而,疫情让她不得不自己面对厨房,同时还必须面对我这个"巨型吞金兽"。母亲从只会煮面,到最后下得厨房,洗手做羹汤,不管是厨艺的精进过程,还是心态上的转变过程,在我看来都是很好的创作素材。在文本创作的风格上,我没有选择特别严肃或正式的描述方式,语言表达充满趣味,希望受众能感受到这份家庭的温情。我认为,与其把所有重心放在菜肴的描绘,不如落在人物本身的情感上,可能更能使听众产生共鸣。

最后,在疫情的大背景下,没有任何一个人、一件事,能够挣脱时代对其的定义和影响。也正因如此,故事的背后或多或少会带有当下疫情时代的映射和希冀。饮食本味,就是百态人生,希望通过这样一个主题,表达我对生活最真切的热爱和祝福。

分析:2020年初,我们以"疫情中的一日三餐"为大主题,创作了一组音频推送。这篇《母亲的厨房》是比较有特点的一个作品。文案中描述的战疫斗争中的人物和故事,既反映了每一个普通中国人的艰辛与坚毅,又刻画出一个普通家庭的温馨与爱意,其中不乏生活中的小幽默;语言表达生动俏皮,亦不乏温情体贴,较好地还原了文字中细腻的情感。

4.《"以厂为家"的核电人》

[00:00 工厂环境音]

[00:04 音频:妻子]这次有疫情嘛,鼓励大家都不要上班,他就每天一早就开着车去了。

[00:12 画外音]今年这场特殊的疫情,给春节蒙上阴影。当几乎所有人都没复工上班时,却有这么一个人从未下班。他既不是

"以厂为家"的核电人

医生,也不是警察,他是核电厂的一名职工。刚刚讲话的这位,就是他的妻子,我的三姨。

[00:32 音频:妻子]他就是总是把自己好像跟单位就联系在一起,家里他是不管的。

[00:40 画外音]秦山核电站,地处浙江省嘉兴市海盐县,是我国自行设计建造的第一座核电站。而他是我的姨夫,叫葛国光,江西人。1992年,从哈工大毕业,就选择来到浙江。

[00:55 音频:本人]其实也是懵懵懂懂的,当时觉得刚好专业对口嘛。一个是我学自动化仪表的,后来分配的也是在那个维修部。

[01:05 画外音]工作一年后,他抓住时机,成了中国首批重水堆操作员。

[01:09 音频:本人]去报名考操作员,后来我想,欸,也挺好的,当时还觉得那个挺神圣的,那个东西挺有成就感的,自己直接操纵这个设备,动一下,它启动了;然后碰到缺陷的时候,相当于挽救了损失。

[01:30 画外音]但操作员的工作并不那么容易,全天24小时排班,他们的职责就是保证核电的正常运行和人民安全。

[01:39 音频:本人]没有节假日的说法,就相当于是假如,五一春节或者国庆,如果轮到你上班,那就去上班了。

[01:47 画外音,垫乐]即使在没有排班的休息日里,也需要待命。一个电话,随叫随到。他曾经遇到一次紧急情况,电气配电间发热,起火冒烟。对于核电厂来说,电源是至关重要的,一旦失去电源就意味着所有运转设备失去控制,后果不堪设想。虽然仍有备用电源,但关闭起火的开关迫在眉睫。此时房间里已是浓烟滚滚,到了伸手不见五指的地步。在万般紧急的情况下,操作员只得头戴防毒面具,身上绑住绳子让同事牵引着,只身走进黑暗当

中……

[02:31音频:本人]这个还是虚惊了一下,但是整个电厂总的来说还是有控制的。

[02:37画外音]也由于工作的特殊性,从1992年开始,他已经十年没有回老家了。

[02:42音频:本人,垫乐]哎呀,家里也挺支持的,发现老一辈就是这样,老一辈他就说,哎呀,不能欠国家的,都是那种牺牲小我、成就大我。

[02:55画外音]当他回到阔别十多年的家乡时,许多人与事都不再是记忆中的样子了。但此时此刻,回想起妈妈的那一碗鸡汤,他的脸上又露出了幸福的微笑。

[03:10音频:本人]南方这边就是这样,一到家就给你端上一碗鸡汤,一碗鸡肉,好好吃,补补。

[03:21画外音]而对于一直默默陪伴在身边的妻子,他心中也有许多愧疚与感谢……

[03:28音频:本人]从内心里,特别特别特别地感谢红凡对这个家庭的付出,为了我的事业做出牺牲。

[03:35音频:妻子]嫁给你姨夫之后,我就成了女强人了。他早班嘛,带孩子的时间基本上已经没有,他上晚班,白天回来要睡觉,所以说你要是做饭呀,家里事情你就不要指望他了。他是以厂为家的,我有时候开玩笑会说他,我说你们单位要给你颁个劳模奖哦,然后他说我们都是劳模,我们厂里的每一个人都是这样。所以说他们的工作性质跟别人不一样,有时候也没办法。

[03:29画外音,垫乐]其实,这不单是我的姨夫,更是一代"以厂为家"的核电人的故事。他们的坚守,使得每年有源源不断的电力输送至华东电网,中国的核电事业也在他们夜以继日的探索中不断发展。

［04:13 新闻,垫乐］1991年12月15号00:15,并网许可一声令下,秦山核电站操作员按下启动钮,崭新的核电电流并入华东电网,我国内地没有核电的历史就此宣告结束

［04:29 画外音,垫乐］他们肩上扛着国家的使命,背后有着千万个家庭的默默支撑。我相信岁月变迁,而不变的是一代又一代核电人的信念,只有守住心中的国,才有身后的家。

学生创作手记： 创作前期寻找素材其实是很漫长的一个过程。我希望既能展现家乡的特色,又能挖掘平凡人的亮点。所以最后我选择了坐落在我们嘉兴的秦山核电站。初衷是想通过刻画一个熟悉的人物,展现一代核电人的职业精神,并由他们展望未来中国核电事业的发展。

在人物选择上,我选择的采访对象是我的姨夫,他是中国自行建造的第一座核电站的首批重水堆操作员。他从哈工大毕业后就来到浙江,和小姨组建了幸福的家庭。我作为采访者,对他的工作其实是充满好奇的,每年春节、国庆等各种假期都很难见到他的身影,和小姨家一起远途旅游的时候,姨夫只能留在家里随时待命。今年年初因为疫情,几乎身边所有人都停工停业,而姨夫依然坚持每天到岗。因此,姨夫工作的特殊性成为我的作品的切入点。

采访前期,我担心找不到和姨夫自然的交流状态。姨夫是理工科出身,我平时和他的交流并不是很多,所以怎样让姨夫有一个自然的交流状态成为我的难题。为了给他营造一个轻松的环境,我决定去小姨家,以他熟悉的场景为"主战场",并且采访的全程我也让小姨陪同,这能有效地缓解姨夫的紧张。

正式采访前,我准备了一份比较详细的思维导图,按照我想挖掘的人物亮点进行大致规划。在采访时,我特别注意不去打断,我留了很充足的时间,所以我希望姨夫能尽可能地讲他特别想倾诉的东西。采访过程中我很惊喜地发现,平时看似不善言辞的姨夫,一旦谈起他的工作会特别兴奋,尤其是回忆成为首批重水堆操作员的经历,他感到很神圣。在他讲完后,我才

开始询问我想要的素材。

采访结束后,我获得两个小时的采访音频,我需要寻找亮点并将其压缩在5分钟内,而且要保持完整的结构,留下有细节的故事叙述。姨夫谈起工作,大半都是如何操作、检查设备的说明性描述,经过再三斟酌,我摒弃了这部分内容,选择了更能刻画出鲜活人物形象的部分,例如配电间起火、工作排班、家庭成员的支持等。我最终选择了他发自内心最真诚流露的部分作为主干,展现他在小我家庭与大国事业之间的取舍。

在技术剪辑上,为了保证收听质量,我用10段音频拼接成10秒的采访叙述,中间去除了很多类似"嗯"的语气词,让音频的叙述更连贯。采访音频有两个小时之久,我在素材的整理和逻辑的重新排布上下了大功夫。从选取素材到最后加上垫乐、画外音出成品,我花了将近10个小时去构思和剪辑。

最后,希望通过我这部作品,让更多人了解"核电人"这一特殊职业群体,他们甘于为国家事业付出和奉献,他们背后有无数家庭在默默支持,向为我们的生活保驾护航的他们,表示我们发自内心的诚挚感谢。

分析:本次创作主题是"发现身边平凡人的不平凡",需要学生对自己认识或熟知的人进行"重新认识""深度了解",形成一篇人物采访,形式为音频加图文推送。这位同学通过采访其亲属的个人经历,叙述中国核电事业第一批建设者的故事。以家庭为单位,描绘核电工作者辛勤的日常、家人的支持,将小我、家庭与大国事业相结合,展现他们对核电事业的热爱与奉献,歌颂他们"以厂为家"的精神。作品主题突出,思路架构清晰,氛围营造得当。串联部分的表达既充满温情又饱含坚定,对被访者的引导合理恰当。后期剪辑展现细节的同时也能保证较强的整体性。

5.《一大波神器来了之产品DIY》

大家好,欢迎收看今天的产品DIY。今天我给大家介绍的产品,叫作低配版的Gopro相机套件。这个套件的灵感来源于我几天前的一次出游经历。一个人出去玩,好处有千百种,但是有一个

一大波神器来了之产品DIY

问题难以解决,那就是照相。一旦有了我这个神奇的套件,妈妈就再也不用担心我的拍照问题了。

现在,我们来看一下它的组成部分:前置和后置。首先来看前置部分:一个自拍杆、一个三脚架,再加上一个远程遥控装置,这样就可以完成前置的拍摄了。后置的部分:一个胸戴、一个头戴,还有一个鱼眼相机。

接下来,我们再看一看自拍的部分。自拍杆可以自主伸缩,最高能达到 1.2 米,下面一个三脚架与自拍杆连接,拧上之后这个三脚架就可以打开并且立在地面上。这款蓝牙自拍杆还有线上 App,用户可以去下载一个应用软件。这个时候打开你的手机,和自拍杆的蓝牙功能连上之后,这个远程的控制装置就可以派上用场了。一切设置好之后,摆出一个完美的姿势,只需要轻轻按一下按键,这个时候,你的最美瞬间就被记录下来了。

然后,我们再来介绍外拍的设备。我先给大家示范一下这个穿戴的过程(演示佩戴过程)。大家可以看到,这是一个可以自主伸缩的装备,卡上去之后,这四个线带都是可以控制松紧的。这个时候我们把这个手机卡在这个手机扣上,然后,把它的旋钮拧紧,调整到一个适当的位置。固定好之后呢,我们就来说一说它的好处:第一,手机固定在这儿之后,你的双手就会被解放出来,在游玩的过程中可以去做更多的事情了。第二呢,我在这儿还要提醒一下,各位热爱旅游、热爱拍摄的发烧友,为什么要选择一款胸带或者为什么要选择一款头戴呢?它可以保证你拍摄的视频素材更加稳定,防止剧烈的抖动,同时呢,还可以让观众感受到一种第一人称视角的身临其境的感觉。那么,为了增强这个身临其境的效果,我们还为您配备了一个鱼眼的镜头,它可以让您拍摄出来的素材视角更加宽广。

最后,我要说一说选择这款装备的理由,最大的优点就是物美价廉。这样一套装备组合下来,在网上淘的价格不到三百块钱。大家都知道运动相机的基本款,不带零件的价格动辄就要上千元。

最后的最后,还要提醒您,各位非常爱惜发型的少男少女要注意了,这款头戴带上去的话可是会影响到您的发型,就像我现在这样(演示佩戴头戴)。但是,如果是真正热爱摄影、热爱旅游的朋友们,就可以选择我的这款神器。

怎么样?心动不如行动!赶快搭配起来吧!

学生创作手记:这个作业的创作灵感来源于学生时代的出游经历:自己出去玩,拍出好看的照片永远是最大的难题。对于年轻的受众来说,有类似经历的一定不在少数,而我恰好组合过这样的一套设备,有亲身体验,讲起来也更加胸有成竹。

我选择了从产品简介、使用方法、产品优势、价格等四个维度来进行表达,开头轻松活泼、引人入胜,中间内容详尽、极尽所有优点,最后用实在的价格打动受众。

虽然这样一套设备略显"琐碎",但是在进行了思考和实践之后我发现,如果介绍的东西真正有价值(比如足够有新意、物美价廉等),用真诚的话语去放大优点,还是能够吸引受众,为大家带来切切实实的服务的。

分析:这是个道具演示的主持段落。本堂课要求同学们把各自的心爱之物、"镇宅之宝"带到我们的演播室。同学们带来了各种食品、用品,有实用性强的,有适合把玩的,有沿用至今的老物件,也有当下的新鲜玩意儿……同时事先对同学们的表达提出了要求:"远离'九九八',绝不能浮夸,分享加推荐,让人爱上它。"

这位同学讲解演示了一套自己组合的拍摄器材,在整个过程中能够做到口手协调并用;语言自然流畅,基本无冗余;操作过程清晰,注意细节展现;服务意识突出,始终为观者着想,比如使用的便捷性、价格的合理性,甚至发型的美感度。

6.《护眼台灯怎么选》

台灯的正确打开方式

护眼台灯怎么选

(拍摄看电脑工作的情况)唉,眼睛又疼了。

(暂停画面)这时候,我们心里的头号嫌疑人一定是电脑。

(播放画面)网络学习伤眼睛啊,哈,我还是出去拥抱大自然吧!

(暂停画面)别给自己找借口!实际上,没有一款科学护眼的台灯才是罪魁祸首!

(出镜)一款不达标的台灯会更容易导致我们眼睛的疲劳和近视。那么,护眼台灯该怎么选?

(同时打出大标题)(台灯同一背景三色变换)咱们大家伙儿日常的学习生活肯定都要用到台灯。但你知道看书写字用什么台灯吗?用电脑工作用什么台灯吗?晚上玩手机用什么台灯吗?今天我要给大家推荐的就是我旁边这盏高颜值、简约风的飞利浦台灯。台灯的好坏一般从五个维度来评测:频闪、照度、均匀度、显色指数和色温。我们来看看这盏台灯表现如何吧。

(黑幕:频闪)台灯的频闪其实就是光的强度不稳定,这种频闪不仅会造成视力问题,还会引起焦虑和头疼。赶紧检查检查你们家的台灯闪不闪吧。

(录屏拍摄台灯同期说话)可以看到,这款飞利浦的光是稳定输出啊,顺利通关。

(黑幕:照度、均匀度)照度呢说白了就是亮不亮,均匀度就是看台灯投射下来的光均匀不均匀。这款台灯的照度是国A标准,所以完全不用担心。(四档变换的特写)这款台灯还有一个独到的设计,可以满足不同环境的照度需求。有夜间、电脑、读书、写字四个档位可以选择。

(出黑环境下台灯的均匀画面)接下来看看均匀度测试,可以看到在台灯正下方的照射范围之内呢(给出红圈),光线是很均匀的,没有出现集中分布的现象,再次顺利通关。

(黑幕:显色指数)显色指数是指物体在台灯的照射下和自然光环境中

对比,有没有颜色的失真。以保护视力为目的的话,显色指数要大于82。而这款台灯的显色指数是大于90的,完全达标。

(黑幕:色温)色温在台灯上的表现就是颜色,也就是我们平时说的暖光和冷光。这款台灯是暖光设计,(电脑播放视频,台灯在旁边)可以中和电脑等电子产品发出的蓝光,减轻对眼睛的危害(和视频一起录制)。

(出镜)说到这儿,大家应该知道该如何选择一款合适的护眼台灯了吧?如果想购买同款的话,可以扫描屏幕左下方的二维码。下一期我又要给大家推荐什么生活好物呢?明天同一时间,不见不散。

学生创作手记:我在创作之初想到用一个情景剧的形式引出台灯,然后介绍选择台灯的五个维度。录制的时候遵循老师的指导,自然放松地说话。第一次成片后,根据老师提示,手工制作了一个简易的旋转展示台,增加一个对台灯全方位展示的环节,这个画面后来也被同学们纷纷点赞。

对于这个作品创作,我获得几个小启发:一是,在创作脚本的时候要细致,必要时可以对部分场景制订多个拍摄计划,以应对突发事件;二是,社会生活节目语言表达要轻松、自然,拉近与受众之间的距离;三是,在展示物体的时候,一定要分别展示物体的细节和整体,做到多角度、全方位;四是,对于光线要有严格的要求,有固定且充足的光源,保证画面的清晰度和亮度。

分析:这是《一大波神器来了》的升级版作品之一。之前我们在课堂现场展示过,但只是一个"线性"的呈现。这一次练习,同学们要完成一个介绍性内容的短视频,呈现更为立体。这位同学的语言表达条理清晰,对象感较强,结构和画面皆有不少细节设计,作品较为完整。

自行车档案

7.《自行车档案》

[外场(滨江)+自行车外观(空镜)]

我身旁的这辆 Giant 自行车,是我近8年来的骄傲,不是因为它张扬的亮红色的车身,而是自打我12岁拥有骑车上街的资格后,它便陪伴我至今,不离不弃。8年之中,我和它一起经历多少风雨,它依旧硬朗的外表之下是一颗饱经风霜的心。曾经有多少时刻我们一起对速度的追求也成为我青春的记忆！

［画外音＋（空镜头）拍摄＋网上素材］

茫茫车海中，你总能看到那一辆将拥挤的机动车抛之脑后，一骑绝尘的自行车。你也经历了共享经济下，自行车在我们生活中越发重要的时代。可能并非每一个人都会和自行车有8年之缘，但是想必也多多少少有过接触，绿色出行是它的标签，体育竞技也是它的重要功能。

（外场＋主持人）

自行车给我们带来了便捷的生活体验，但是你可知道，它的发展与变迁足足用了100年的时间。这样一辆简简单单的车身，却是由25个精细的零部件构造而成，那么今天让我们走进自行车的档案，让我们看看自行车的前世与今生！

（网上素材＋室内拍摄）

1790年的法国，一个风雨交加的夜，狭窄的街道上一辆四轮马车疾驰而过，正在路旁行走的西夫拉克成了受害者。雨水中，他被溅了一身泥，但他并没有生气，反而开始思考对马车的改造：那么狭窄的街道，就把马车去掉一半吧！西夫拉克回到家一动手，1791年"木马轮"作为自行车的雏形诞生了，虽然驱动靠双脚蹬地、转向靠下车搬动车身，但是也开启了自行车的时代。

（外场）

随着时间的推移，"木马轮"变成了"铁马轮"，又逐渐拥有了转向、后轮和脚凳的联动装置，但与现在的自行车还是相距甚远。

（网上素材＋室内拍摄）

真正具有现代形式的自行车是1874年诞生的。英国人罗松别出心裁地在自行车上装上了链条和链轮，用后轮的转动推动车子前进。当自行车的作用和地位越来越重要，机械工程师、运动学研究者、甚至兽医都为自行车的发展贡献了一份力,渐渐地,菱形车架、橡胶充气车轮、刹车等部件逐一添加。终于,自行车也被赋予了现代的雏形。

(外场)

自行车虽然没有诞生于中国,但在20个世纪纵横驰骋于中国的土地,成为一代人的回忆!

(网上素材+室内拍摄)

我们来到80年代,"飞鸽""永久"是人们理想的交通工具,也是作为奢侈品的存在,自行车逐渐成为中国人最重要、最普遍的代步工具。那时,每日上下班时壮观的自行车洪流,更是让中国成为外国人眼中的"自行车王国"。而这些年中国不仅仅是自行车消费大国,也成了生产制造大国。

由于产业特性和劳动力成本因素,近15年全球自行车制造产业向以中国为主的有工业制造优势的国家和地区转移。目前,中国已成为世界最大的自行车生产基地,世界前五大自行车厂商主要基地均在中国。

(外场+空镜头)

如今,自行车早已"飞入寻常百姓家","永久""凤凰"等自行车品牌和它们的经典车型逐步淡出了人们的生活,但是,从"木马轮"的小小尝试注定从交通领域改变人类的历史,而这种改变,这种影响也将一直延续下去!好的,各位,本期的节目到此结束,感谢您的收看,我们下期再见!

学生创作手记: 首先谈谈视频部分。从文案编辑上看,增加故事性和趣味性的内容会让科普类的视频更加吸引人,尤其是那些常常被人们忽视,但又与事件有紧密联系的小故事,往往最能吸引受众。而对史实的戏剧化和场景化处理,只要是在适当且不篡改事实的基础上都是可以接受的,而且可以取得很好的传播效果。

这部短视频遵循历史时间,在内容筛选上,在保证故事性和趣味性的同时重点挑选具有变革意义和代表性的素材,宜精不宜多。对于素材的收集越具体越好,在大量的具象化的素材之下,才能更加形象、更加真实地还原历史场景,让受众产生共鸣。

从音乐方面看,我选择比较舒缓的音乐适配播讲内容,并没有铺满整个视频,只是在动画和网络素材部分才会配上音乐,这样可以区分视频不同的层次。

从画面选择上看,衔接部分的录制场景我选择了尽可能丰富的外景,同时选择不同景别如中景、远景的切换配合主持人的运动,增加动画的表现手法。

画外音讲述部分,我拼接了网络素材和动画素材,利用史实画面和动画让受众更加具体地感受到史实的部分。

其次谈谈排版部分。排版是辅助视频的。我希望受众在排版中可以找到视频中没有了解过的部分,因而选择了一部分视频的文案进行补充。为增加版面的趣味性而选择日历的表现方式,还增加了作文、广告、日记的形式。还通过不同人的视角,结合真实历史背景,更多元地阐述历史。

分析:作为训练讲述能力的系列,"妙语档案"要求学生在对一个事物详尽了解的基础上,自己写出文案并进行短视频的制作,最后辅以图文推送。这个作品的视频和图文版面皆有值得学习的地方。首先,语言表达自然舒适,镜头感较强;其次,选择外景出镜主持加上以自行车为道具,既突出主题又可以给自己和观众营造一个轻松的对话氛围;最后,版面的制作不是视频文案的简单复制,而是采用日历的形式体现历史的变迁,同时文字的编写生动有趣,可读性强。

8.《拜托了大 V:垃圾再见!》

(播放街采小片)

串词:拜托了大 V! 大家好,我是主持人 Davy! 我们经常可以在电视上看到各种各样的关于垃圾分类的公益广告,在我们的周

拜托了大
V:垃圾
再见!

边也时常可以看到关于垃圾分类的提示性标语。但是在刚刚的采访当中,我们了解到很多人都知道有垃圾分类这回事儿,也知道垃圾分类很重要。但是却并不知道垃圾分类到底有多么重要。今天我们先看一组短片来了解一下垃圾分类到底有多么重要。

解说词: 每回收一吨废纸,可造好纸850公斤,节省木材300公斤,比等量生产减少污染74%;每回收一吨塑料饮料瓶,可获0.7吨二级原料;每回收一吨废钢铁可炼好钢0.9吨,比用矿石冶炼节省成本47%,减少空气污染75%,减少97%的水污染和固体废物;每回收一吨厨余垃圾,可生产0.3吨有机肥料。

串词: 通过刚刚的一组视频,我们了解到,垃圾分类的确非常非常重要,但在我国,垃圾分类在执行过程中,依然存在着效果不佳的现象,从个人到整体社会环境都存在着各种各样的问题。那么这些问题到底出在哪儿呢?我们今天继续"大V调查"。

现在Davy带你来到了垃圾不分类的源头——一户普通居民的家,我们就来看一下她们家在对待垃圾分类方面是如何处理的。

我们可以发现,这位住户家中的垃圾桶是放在客厅和卧室两个地方,垃圾分类也是按照区域划分的,并没有按照一个科学的正确的垃圾分类的处理方法。那么现在我们就来采访一下这位户主,她是如何看待垃圾分类的。

户主: 其实我知道这个垃圾分类很有必要,也曾做过这种很细致的垃圾分类,但是后来发现,当你在一个不分类的大环境里,你自己去分类是没有用的。我这个分类的垃圾扔到楼下的垃圾箱之后,是垃圾车一起运走的。所以越往后我越觉得一个人做这些事情力量太小了,慢慢地,就越来越不注重垃圾分类的情况了。

串词: 居民家中的垃圾分类固然非常重要,但是家中的垃圾最终还是要归总到小区内部的大型垃圾箱。那么现在我们就去看一下,小区内部大型垃圾箱的情况。

我现在位于居民楼下面的大型垃圾箱的旁边。我们可以看到，这个垃圾箱摆放得非常随意，而且垃圾箱的表面和它所在的地面都充满各种各样的污渍。我现在站在这个垃圾箱的旁边，就可以闻到一股股恶臭，可想而知，等到天气更加炎热的时候，这个垃圾箱所散发出的味道是多么严重。我们刚刚也经过调查了解到这户人家其实是有垃圾分类的意识的，也进行过垃圾分类，但是当她将垃圾分好类之后，却不知道扔到楼下的哪个垃圾箱。同时呢，当她看到自己辛辛苦苦分好类的垃圾，被垃圾车混在一起收走之后，也就不再进行垃圾分类了。因此，在垃圾分类效果不佳方面，第一个重要的原因就是居民身边没有一个垃圾分类的环境，当有的居民有意识进行垃圾分类的时候，如果没有给他提供一个垃圾分类的环境，久而久之，这样的居民也就不再进行垃圾分类了，这也就给践行垃圾分类造成了很大的困难。

刚刚在居民楼里面我们了解到，人们没有进行垃圾分类的原因，是因为身边没有垃圾分类的环境。但是现在，在我身边像这样的垃圾桶随处可见，上面也明确地写着"可回收垃圾"以及"其他垃圾"。既然有了垃圾分类的环境，为什么垃圾分类效果依然不佳呢？这就提到了我们垃圾分类效果不佳的第二点原因，就是因为人们根本不清楚怎样对垃圾进行分类。这样的垃圾箱上面写着"可回收垃圾"和"其他垃圾"，人们却并不知道哪些是属于"可回收垃圾"，哪些是"其他垃圾"。那么现在 Davy 将带您来到"大V课堂"，一起来学习一下，哪些是"可回收物"，哪些是"不可回收物"。

（小片：介绍"可回收物"和"不可回收物"）

串词：总之，就全社会而言，垃圾分类效果不佳的原因，首先是因为没有一个垃圾分类的环境，人们无法养成垃圾分类的习惯；第二点重要的原因，就是因为人们并不能分清哪些是"可回收物"，哪些是"不可回收物"，哪些"可降解"，哪些"不可降解"，只能进行粗略的分类。所以说,就全社会而言,垃圾分类依然是我们面临的重大难题。

接下来,Davy将带您去部分社区,看看他们在垃圾分类方面是如何身体力行的。

现在我们来到了朝阳区八里庄街道十里堡社区,在我身后的就是十里堡社区的"智慧"垃圾分类回收站。为了更好地进行垃圾分类,十里堡社区的每一个垃圾桶都贴上了二维码标识,每组垃圾桶都有专人负责,在进行垃圾分类的过程中,通过"身份识别"进行全民监督。街道还为居民提供了带有二维码的垃圾袋,居民将剩菜、剩饭、果皮、纸盒以及一些可回收物统一装到带有二维码的塑料袋中然后分时段、分类别地进行垃圾投放。投放之后可以进行一定的积分兑换,通过积分可以兑换生活用品,并参与抽奖。

而且,社区还为每个家庭配备了专业的垃圾分类指导员,进行专业的指导。经过相关负责人的介绍,我们了解到,整个垃圾分类的过程基本上可以分为:垃圾从居民从家中被带出来,之后经过专业分拣员的指导,进行二维码扫描,然后进行正确的垃圾分类,最后在垃圾站内进行统一的回收处理,整个过程均采用实名制。目前,十里堡社区的垃圾分类信息化已经覆盖了75%的居民,而且还有178名志愿者每天轮流值班,在每天早7点至9点,进行定时定点定量的垃圾收集工作。未来,这种模式将在八里庄街道进行全域覆盖,将惠及近五万户居民。

好了,观众朋友们,感谢您收看今天的"拜托了大V"。相信看了本期节目后,您对垃圾分类会有一个全新的认识。只有进行了垃圾分类,我们才能保护地球上更多资源。同时,垃圾分类不仅是个人的责任,还是整个社会的责任,这需要我们全社会一起努力一起奋斗,来保护我们的绿水青山。"绿水青山就是金山银山"!感谢您的收看,我们下期同一时间再见!

学生创作手记： 垃圾分类不仅仅局限在路边的垃圾桶和家庭内的垃圾分类，整个社会都涉及很多垃圾分类知识，所以我在写策划案的时候费尽了周折。

首先，有的居民有分类意识，有的没有分类意识；有的觉得整个社会都不做，我凭什么做；有的觉得这是一个没有必要的事情；有的之前做过，之后却不做了；有的在别的地方做过，在北京却不做了。大家各执不同的观点，让我不知如何下手。最后还是决定分为两条线索：一条是垃圾从居民家中到垃圾车再到回收站；一条是垃圾从路边的垃圾箱到垃圾车，再到垃圾站，继而总结到智慧垃圾分类。

其次，在录制的时候，有大段的出镜口播，有的时候因为策划案上已经写好的主持词的限制，总是想说的和策划案一样，反而总打磕巴，一条口播录十几次才有一遍不错的表达。时值夏天，录室外垃圾桶和垃圾箱的时候身上被咬了无数包，但还是坚持下来了。

再次，录制的技术方面，我用的是相机和三脚架。在网上买了一个小小的收音话筒，插在相机上，线比较长正好可以别在衣服上。

最后，在后期剪辑过程当中，街采的对话被不断删减，只留下最后很精简的几句话串在一起，放在开头，节奏感比较强。

之后的每一个串场都是用"大V"做引子，这样设计是为了强化节目品牌，不管是"大V课堂"还是"大V调查"，都是"拜托了大V"这个节目的一部分。

这是我人生当中自己策划的第一期完整节目，是我的处女作，虽然很不完美，但这也是我在当时的阶段最完美的呈现。

最后要感谢廉老师严格的把关和不厌其烦地指导，反反复复帮我修改策划和视频，最终才呈现出这样的作品。

分析： 这类选题具有服务性、知识性、新闻性和话题性，整个策划需要比较强的逻辑性；有声语言部分主要采用现场报道和采访两种方式，这两种方式对即兴语言组织、表达的要求比较高；画面内容要较为丰富，对镜头的设计运用也是创作时考虑的重要部分。

这个作品从整个框架、逻辑关系到具体文字整理、表达样态都经历了多次修改,以达到播出要求,虽然还有提升空间,但是仍有值得学习和借鉴之处。作品制作于2018年,彼时"垃圾分类"还没有成为全社会普遍关注的话题和行为。选题呼应了"绿水青山就是金山银山"的时代主题,又以"小切口"切入进行较为深入全面的探讨。创作形式较为多元灵活,符合年轻受众的审美趣味。有声语言表达包含大量出镜口播,经过指导调整,作者找到了适合节目的状态。采访有街采和微型专访,作者均进行了大量的前期素材采集,经过后期剪辑留下了直接对应主题的部分,内容凝练,节奏感较强。

9.《交通发展》

交通发展

大家好,我是一个来自中国上海的95后。3年前,我从家乡上海来到北京参加艺考,这是一段长达1,262公里的旅程,但这段距离并没有给我的出行造成不便。

现在,中国的交通非常便利,人们有多种便捷的出行方式可以选择,大多数出行只需花短短几个小时,便能轻松抵达远距离目的地。不过,对于千百年前的人们来说,跋涉一千多公里参加考试可不是一件容易的事情。

那么,如果我回到古代,该怎么样去赶考呢?

(换装换场景)

人类自诞生以来就会直立行走,徒步是最原始的出行方式,但这不仅消耗了大量体力,而且速度也非常慢。于是,聪明的古人发现可以利用畜力,牛、马、驴、骡是中国古代交通运输中常见的牲畜。

相传四千多年前,中华民族的祖先黄帝首先创造了车,并开始用牛拉车。几百年后,有位叫奚仲的人驯马拉车,人们才开始乘坐马车。

马车的出现,的确加快了人们出行的速度,但马车并不是大多数老百姓能够享受的出行工具,对于他们来说,驴比牛、马更为实用。驴的速度比牛快,耐力比马好,价格相对便宜。相传在中国古代还有供人租用的"共享驴"。因此,要赶路去京城,骑驴是一个不错的选择。

如果走水路,又该怎么办呢?在中国古代,造船业非常发达,船的种类丰富,用途不一。要走水路,乘船即可。

从古代到近代,人们的出行方式又发生了哪些变化呢?

20世纪70年代,自行车成为中国的"三大件"之一。在当时,自行车是紧供商品,不仅昂贵,而且要凭自行车票才能购买。对那个年代的人们来说,买一辆自行车比我们现在买汽车还要难。

20世纪80年代,永久、凤凰、飞鸽等国产品牌的自行车风靡中国。自行车成为人们最主要的出行方式之一,中国被称为"自行车王国"。

但是,骑行自行车需要耗费体力,只适合短途出行。如果要去稍远的地方,搭乘汽车是更合适的选择。较为传统的方式是自驾或者乘坐公交车或出租车。现在,你只需在手机打车App上一点,便能轻松地在特定的时间约到车,而不必站在路边苦等出租车。

继共享单车后,共享汽车在中国也开始蓬勃发展,目前已经覆盖北京、上海等一线城市,并将逐步布局二、三、四线城市。人们拿出手机就可以查找距离自己最近的租赁点,扫码开走一辆汽车,这简直太方便了!

随着汽车拥有量的急剧增加,交通拥堵成为一个世界性的难题。堵车时,搭乘地铁不失为一个明智的选择。在城市里,你可以找到一种几乎不会堵车的出行方式,那就是地铁。截至2018年4月,中国已开通地铁的城市达到35个。在大城市里,交错复杂的地铁线路像蜘蛛网一样贯穿整个城市,承担着城市公共交通的主要角色。

如果要去外地,你还可以选择更便捷的城际交通方式——火车,它比汽车更适合远途出行。20世纪90年代,国内铁路客运的主力是这个外表墨绿的慢速火车。那时,人们拥挤在狭小而没有空调的车厢里,在打扑克、嗑瓜子和招呼乘务员倒热水的消遣中度过几天的旅程。但即使这样,也会出现一票难求的情况。

新中国成立以来,中国的交通技术取得了显著进步。21世纪初,轨道交通实现大提速,人们出行有了新选择——动车和高铁。四十年前的绿皮火车如今绝大多数被"和谐号""复兴号"高铁取代。具有完全自主知识产权的国产"复兴号"时速可达到350km/h,领跑世界毫无压力。两百年前,从北京到广州可能需要花两三个月,更换几种不同的交通工具;而现在只需要在手机上订一张高铁票,就可以在8小时内直达目的地。

当我们追求更加便捷快速的出行时,飞机成为人们的最佳选择。摆脱大地的束缚,以900千米每小时的速度在万米高空巡航,可以抵达全球任何一个角落。由中国自主研发的C919大飞机,也会带领中国高端制造业飞得更高、更快、更远。

未来,因未知而美丽。未来还会有哪些更便捷、更舒适的出行方式呢?让我们拭目以待!

学生创作手记: 题材和内容的灵感来源于央视的《数说命运共同体》,这个系列节目以主播玩转酷炫穿越的形式,让沉默的数据说话,将"一带一路"国家前所未见的联系图景呈现给了观众。所以我想可以通过展现交通发展的变迁来反映中国经济发展的主题,但是实景穿越的拍摄耗时耗力不太现实⋯⋯

正当我以为自己的创作会在灵感阶段就夭折的时候,刚好我所在的"东街一号院"(原"中传新闻")的小组同学出谋划策,建议我模仿《中国日报》(*China Daily*)《老外看中国,英国小哥细数历年两会关键词》(图4-3)的形式,于是一拍即合,形式和内容就这么敲定了。

从技术手段来说,想法很美好,但现实太骨感。对于经验不足的我们来说，哪怕是模仿都步履维艰。从前期策划、撰稿、分镜、道具准备、拍摄再到后期制作，我们都遇到了不少问题。

《交通发展》这部片子是我和小伙伴们第一次尝试通过绿幕来制作视频。具体操作过程是，首先在绿幕前拍摄动作（图4-4），然后把绿幕前的人像和实拍的背景进行二次缩放、移动、合成……举个例子，像上船的动作，我需要提前计算好走位，然后再根据我的走位和速度估算道具的移动幅度，再拍摄出道具的变化，最后合成在一起（图4-5）。拍摄图4-5的画面需要好几个同学配合，先晃动船只，模拟我上船时船身的起伏，然后进行移动（图4-6）。

图4-3　老外看中国，英国小哥细数历年两会关键词

图4-4　在绿幕前拍摄

图4-5　绿幕前的人像和实拍的背景进行合成

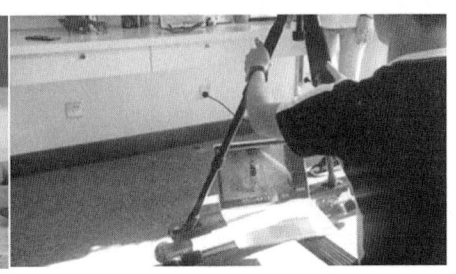

图4-6　拍摄晃动的船只

在道具方面，别小看我们的背景摆设，很多道具都是精心设计的。比如，我们的台历是独家设计的，里面的《自行车王国》是当时《人民日报》的获奖照片，在全片中很好地辅助了叙事。所以，设计道具也是一个需要细心与耐心的活儿，一个小道具的摆放、道具尺寸的大小、是否符合时代背景等因

素都需要考虑到。

在业务水平方面,我的出镜是全程脱稿完成的。不过这也导致了一个问题,就是我一边想着怎么在一无所有的绿幕前摸驴、摸马、上船,想着从哪儿上从哪儿下,做完哪个动作要走几步,一边还要背词,所以并没有表现出原来设计的娓娓道来的讲述感,背诵、播报的痕迹比较重。

这次作业是对我专业能力的考验。在今后的录制中,我一定会努力做得更好!

分析:这是一个制作比较复杂的新媒体视频内容,展现了中国交通发展的变迁。创作者模仿优秀的新媒体创作思路,运用绿幕抠像后期合成的方式,创作了这样一个非常适合新媒体传播的内容。从前期策划、撰稿、分镜、道具准备、中期拍摄到后期制作,创作者都做了精心准备。即使这样,在拍摄过程中还是遇到了不少问题,需要不断修改甚至补拍。

创作者有声语言表达讲述感比较强,亲切自然。创作时,还需要"凭空"设想身边的道具,边说边与并不存在的道具互动,边想象画面边走位,有相当大的难度。

新北京新生活:无人超市

10.《新北京 新生活:无人超市》

学生一:妙语廉珠,我在北京。生活中,我们去的最频繁的店应该是便利店了,那么您听说过"无人值守"的便利店吗?我身后的这个"Eatbox"美食超市就是一家无人值守的便利店。每天早上10点到晚上9点,您都可以自助购物,它最大的亮点就是——刷脸出入、完全自助。那么下面我将带您一起来体验一下如何刷脸进入以及注册账号。首先您需要打开微信,然后进入"扫一扫"功能,扫描屏幕上的二维码之后,就会弹出来一条消息,根据提示输入姓名和手机号。完成注册之后,咱们还需要提供一张不修图无美颜的照片,然后在上传认证完成之后,您就可以站到下面这个"小脚丫"(标识)处。这个时候屏幕上已经显示我已经认证成功了。打开门,跟我一起进去体验一下。

学生二：刚才佳欣跟大家介绍了注册的流程，我们再来看一看超市的全貌。大家可以看到现在超市的内部，商品琳琅满目，非常丰富。而且超市里的灯光非常明亮，由于它是一个全部的钢架结构，而又镶嵌了一个紫色的玻璃幕墙，所以给了我们观感上很大的震撼，有一种非常酷炫的现代科技感。根据我们之前的了解，这家超市的面积是35平方米，摆放了800多件商品，其中以海外商品为主，占比一半以上。这些商品还都有一个共同的亮点：就拿我手中的这一罐饮料而言，大家可以看到它上面有一个白色的标签，这个标签上面其实含有了一个识别的芯片，像这样的一片芯片单个的造价是四毛钱左右，在每一个商品身上都贴有。接下来我们再来看一看这罐饮料的价格，像这样一听饮料的价格是5块9毛钱，虽然并没有特别大的价格优势，但是无人超市也正是凭借它高效和便利的特点吸引着我们的顾客前来。

学生三：逸晨刚刚介绍完了这个无人超市的概况，在我右手边有一台能够制作热饮的咖啡机，我们来看看。屏幕上方出现了很多热饮的种类，比如双倍浓缩、美式、拿铁、摩卡、热牛奶等。在这个秋冬，天气还是比较冷的，喝杯热牛奶还是非常舒服的，那么今天我们就选择牛奶作为我们购买的对象。第二个页面出来了，上面有牛奶的容量，包括添加的糖量、购买数量等一些非常细化的细节，很贴心。底部有支付宝支付和微信支付，都是我们平时生活中常用的手机支付方式。那么咖啡机的下半部分就是我们制作热饮的这个区域了。先不能打开这个盖子，要稍等片刻。我们看现在牛奶就已经制作完成了，非常棒！来，看一眼。在咖啡机的右手边是两个冰柜，冰柜上方镶嵌了两块屏幕，屏幕上播放的是花茶的广告。这种非常动态的呈现也给无人超市带来了很多科技感的元素。（拿起一件商品递给下一位同学）

学生四：拿着我们挑好的商品，来体验一下无人超市的结账环节。在结账柜台有一个感应装置,可以清晰地感应出商品的相关信息、数量和价钱。在这儿还有一个温馨提示,上面提示我们一次不能超过五件商品,如果超过就要分批结算。最后是我们完成支付。当支付完毕,我们还要经历一个查验的步骤。这个查验空间,和进门拥有同样的设施。这个空间内有着面部识别等一系列的查验环节和措施,当完全通过查验后,我们就可以离开了。这样,我们就完成了一次无人超市的购物体验。其实从结账到支付,从查验到出门,这短短几步路当中就蕴藏着众多新科技。比如,结账柜台有RFID自动标签检测系统,在查验空间内有着面部识别、重力检测和同样的标签检测系统。这些新科技的应用大大提高了无人超市的安全防盗能力。其实,这样新的生活体验、生活方式在北京已经悄然兴起。新体验新北京,我们在这儿等你!

学生创作手记:其一,策划思路。Eatbox无人超市虽然占地面积小,但是由于新科技的加入,其可说的"点"还是很多的。因此划分为:如何注册、进入无人超市——Eatbox有什么商品、与"有人"超市有何不同——自助咖啡机——结账及核验防盗系统。

其二,问题如何修正。由于小组成员事先对Eatbox的了解还不够充分,因此在拍摄过程中多次NG,反复打磨主持词,甚至求助老师。整个拍摄过程大概用了七八个小时,最终视频呈现是5分钟。

由于超市有核验系统、重力检测系统,因此摄像师无法跟着记者进入Eatbox,最终决定拍摄开关门即可。一开始佳欣的景别较大,静止拍摄,经老师提醒后改为站在远处,将整个Eatbox纳入画面中,观众可以更直观地看到其规模,并且由于离得远,在现场报道时就可以走动,画面也因此有了动感。

其三,语言表达方面的小结。体验式报道重在描述感觉、形容事物,因此在表达过程中有一种词汇匮乏的感觉,今后应该在平时生活中增加对形容词的积累,力争说得既真实又生动。

分析:这是个多人合作的视频内容,创作者主要采用了体验式报道的表达方式。整个片子的内容、结构、节奏及气质特点符合"新北京 新生活"的主题,符合年轻受众的接受心理,也符合新媒体传播的个性化要求。选题颇具新意,因为"无人超市"彼时刚刚出现,它既是消费方式的改变,也是技术革新的样本。这个小组在拍摄过程中还遇到了其他专业媒体同去采访,恰好验证了这个选题的新闻性和话题性。

有声语言表达方面,每位创作者介绍得较为简洁、全面,明晰生动,节奏紧凑明快,四个段落衔接自然。体验式报道重在描述、叙述,创作者反馈,在表达过程中有一种词汇匮乏的感觉,如除了"便利""方便""贴心",比较难找到其他替代语,需要在生活中增加这方面的积累,使语言既平实又生动。

前期策划方面,创作者对镜头画面做了尽可能详尽的设计,并在拍摄过程中不断修改调试,使得最后视频的呈现符合新媒体传播特点,契合本主题的风格、节奏,符合年轻受众的接受心理。

11.《校园一角》

妙语廉珠,开启中传地图。

校园一角

欢迎来到钢琴湖。钢琴湖,顾名思义就是像一架钢琴的湖,当然,是一架无声的钢琴。从高空俯视,我们可以看到钢琴湖的湖面构成了钢琴的共鸣箱,而我脚下的这条黑白地砖相间的步道则勾勒出了钢琴键盘的模样。

钢琴湖最美的风景莫过于在四季之间。

每当春意盎然春回大地之时,钢琴湖周边的枝条就会长出绿芽,此时配上湖面的淡绿色,一切都显得刚刚好。

每当到了夏季,在蝉鸣声中热浪席卷着大地,刺眼的阳光透过叶片洒下点点光斑,此时湖边的树荫则是绝佳的避暑胜地。

暑期渐消,秋风送爽,此时钢琴湖北侧的一排红花槭叶片则由绿转黄,之后黄色又变成好看的红色,从钢琴湖远处一看,就好像一排十分灿烂的火炬在随风摇曳。

当送爽的秋风变成刺骨的寒风,现在我们目光所及的所有叶片都会落光。到了寒冬的时候,湖面开始结冰,冰面最厚的时候有足足三厘米。当阳光照耀在冰面上时,会透出浅浅的灰蓝色。

四季更迭间,这架钢琴弹奏出的最惬意自在的无声旋律打动了每个人的内心,找个阳光正好的午后,你也来钢琴湖走一走吧。

我是戴敬伦,我在中国传媒大学。

妙语廉珠,开启中传地图!

这里是4K演播厅!

(镜头切)全浮雕嵌刻的"中国传媒大学"logo彰显传媒学科地位,通室铺砌的大理石花砖体现大气明亮风格。在这里,你总能和各种大型演艺活动不期而遇。

(从浮雕走到过道)记者节、颁奖会,4K高清设备全方位清晰捕捉,轻松照亮你的美。

(镜头切化妆间的人名表)当然,除了各路大咖明星,在这里,你也能邂逅中传学子挥洒青春、勤学苦练的身影。

(镜头切4K演播厅到学院楼的连廊)作为音录学院和播音学院的教学办公楼,4K演播厅凭借宽阔的空间、良好的隔音和小众的地理位置,成为大家练声排练和社团活动的绝佳选择。在这里的每一个清晨或傍晚,你总能听到"阿卡贝拉"和"八百标兵"叠声重奏,运气好的话,还能领略Password舞社伙伴们的酷炫舞姿哦!

(镜头切)天气转凉啦,如果担心明德湖畔的寒风吹熄你早起练声的梦想,那就快来4K,和可爱又勤奋的小哥哥小姐姐们一起充实青春吧!

我是冯禧,我在4K演播厅!

妙语廉珠,开启中传地图!

这里是知识的汇聚地——大阅城。

大阅城其实是中国传媒大学图书馆的别称。2012年竣工投入使用,总建筑面积有43,000多平方米,阅览座位有2,000多个,是京城东部地区单体面积最大的图书馆。馆名由著名书法家欧阳中石先生题写,馆内还藏有何其芳先生捐赠的全部个人藏书,众多珍本善本是弥足珍贵的。"大阅城"这三个字啊,听起来有点耳熟。欸?咱们学校附近不是有一个 shopping mall 叫"朝阳大悦城"吗?没错,其实,图书馆一开始并没有别称,而是同学们觉得走进了满是书籍的图书馆,就像走进了商品琳琅满目的朝悦购物一样,于是,就给它起了这样一个昵称。可谁曾想啊,学校这一任性,还真刻了"大阅城"三个字,立在了图书馆门口。

我是邱震宇,我在中国传媒大学。

妙语廉珠,开启中传地图!

今天带大家领略明德湖的风采。

(湖边练声区)现在我所处的位置,就是明德湖畔练声打卡的平台。清晨天蒙蒙亮,就有播音学子三三两两在湖畔练声打卡,面对着清幽宁静的湖面,八百标兵奔北坡,数枣……这些琅琅入耳的声音给清晨增添了不少活力,看着湖边年轻的小白杨们认真的面孔,年少奋斗的青春和湖光水色交相辉映,让过路行人不由得露出赞许的微笑,真好!

(明德桥)而在湖面之上,一座别致的明德桥跨过水面,质朴坚实的桥面承载了中传学子步履匆匆的求学之路。这一座桥,见证了导演组同学大包小包拍摄的行李,流淌过表演系同学认真投入的汗水。实践与理论相结合,这所校园的每一处景致都为理想的盛放提供了肥沃的土壤。每当夜色降临,桥下的灯光幽幽打开,晚风吹过桥上学子们青涩的笑容。这座桥,也连接了中传学子对母校最真挚的回忆。

我是李政宇,我在中国传媒大学。

妙语廉珠,开启中传地图!

现在我所在的具体位置呢,是中国传媒大学的校训石,也就是我身后这个景点。校训石坐东朝西,纵向坐落于明德楼和1号楼之间,它的正对面就是明德湖。

校训石是一块长4米多,高1.5米的淡黄色石头。在它的正面,我们能看到红色行书字体"立德、敬业、博学、竞先",也就是中传校训。这一校训是在20世纪90年代确立的。无数中传学子在校训的引领下,走出校门,开创了一片属于中传人的传媒天地。

在校庆65周年纪念校歌MV中,校训石也出现过。这一处景点除了校训石本身外,还有三棵白杨环绕。午后斑驳光影落在校训石身上别提有多美了。来中传一定要打卡校训石。

我是冯琳,我在中国传媒大学。

图4-7　参与作品录制的部分学生

妙语廉珠,开启中传地图!

这里是中国传媒大学校广播台。CUC广播台是我校历史悠久的团学组织之一,去年我校广播台全面更新了播音室和录音设备,成为全国第一所可以进行可视化直播的高校广播台。

我们了解到,这么一间演播室里就有20个喇叭点位,录播直播设备也是一应俱全,声学环境全面升级,可以捕捉清晰人声。这里的硬件配备真的是相当高大上了!

除了传统的录播,广播台也不断创新,开始进行可视化直播。

从周一到周日,每周7天,午间至晚间,无论是体育资讯还是热点新闻,无论是音乐动态还是文艺推荐,生活百科、专题直播、娱乐剧场,各种类别的精彩内容请锁定中国传媒大学校广播台。

我是姚淳祯,我在中国传媒大学。

妙语廉珠,开启中传地图!

大家好,这里是中国传媒大学大学生活动中心。

这里不仅仅是同学们平时休闲娱乐的场所,也是学校很多重大活动的举办地,比如说开学典礼和毕业典礼。根据体育项目的不同,这里分为篮球场地、乒乓球场地、羽毛球场地和排球场地。同学们在这里大汗淋漓的同时,也享受着体育带来的快乐。虽然说大学生活动中心刚刚建成两年,对于有着悠久历史的中国传媒大学来说,还只是一个新朋友,但是在很多中传人的心里,它早已成为中传记忆不可磨灭的一页。

我是思琦,我在中国传媒大学。

妙语廉珠,开启中传地图!

在珍惜春光的呼唤里,在中传秋意渐浓的日子里,我来到了校史馆。为了献礼新中国成立70周年,庆祝中国传媒大学建校65周年,中传校史馆对外开放了。

中国传媒大学原名北京广播学院,这里的故事承载着多少人的记忆。前辈们孜孜以求,勤奋探索。在成为传媒领域知名学府的路上,中国传媒大学承载着梦想、实现着梦想、也延续着梦想。

时间的车轮推动着那些美好又精彩的青春前行,一代又一代的中传学子在这里发出了充满理想和热爱的声音,在生活的惊涛骇浪面前,永远保持着像白杨一样顽强的生命力和进取心。

我是陈阳,我在中国传媒大学。

妙语廉珠,开启中传地图!

大家好,我是怡露,今天我带大家走进中传网红食堂。

菜品丰富又美味。大名鼎鼎的牛肉饼、Q弹软糯的狮子头、丝滑爽口的酸汤面……(吞咽音效)

价格便宜又亲民。中蓝餐厅是享受国家补助的食堂,真正的物美价廉,吃得放心,刷得安心。(哇!)

装饰漂亮有格调。别说,还有点北欧餐厅的风格呢。

餐厅进出口分流,体温监测,每个餐桌上都安装了这样的四格板等,让大家既安心又暖心。

图 4-8　参与作品录制的部分学生

"铃!"

欸,午餐时间到了。

我先吃饭了。

妙语廉珠,开启中传地图!

(唱)北风那个吹……这是十月底的北京,听这呼啸而过的风声,今天的主角就是我们的"风雨操场"。

虽然现在是深秋,但是晚上总会有形形色色的人为着减肥塑形、散心等在这里绕了一圈又一圈。在春暖花开的时候,这里都会热闹非凡,因为每年的春季运动会在这里举行,而我也非常荣幸成为 18 播本的一名体育健儿。这里有我们的汗水、有接力棒、有红牛佳得乐,还有无数个钉鞋留下的脚印。

我是徐楠,我在风雨操场。

妙语廉珠,开启中传地图!

这里是北苑餐厅。

朱:有我的地方就一定会有美食,所以今天我和韩梓一起带大家来看看北苑食堂究竟有哪些可口的菜肴。

朱:现在就到了第一个打卡地点——烧鸭饭。

简单介绍一下,例如烧鸭饭,在打饭的时候是可以自己配菜的。烧鸭肯定是必备的,在荤菜之后,素菜都是可以自己选择的,各种搭配,任意选择,所以说菜品很丰富。

补充一点,在吃这碗烧鸭饭的时候完全不用有负担,也不需要害怕食堂大妈会不会手抖,在烧鸭饭这个地界儿上完全不存在这种情况,即使我吃了这么老半天,还能剩下这么多。

董:我带大家打卡的地点是崔永元真面。

菜单上十几种面食在 10—18 元不等,清晰可见,价格亲民。每碗面都可以免费续面,还送卤蛋一个。面店刚开张的时候,不仅校内师生,校外也有许许多多的朋友慕名而来,将整个北苑餐厅挤得水泄不通,使得校内安保加强了几个等级。

面馆除了正常经营面食之外,还资助在校的贫困学生。

什么是"真面"呢?我身前的面,色香味俱全而且分量十足,可谓是好油好卤好面条。"面"在北方方言里还有"怂"的意思,"崔永元真面"或许还蕴含着崔老师的自嘲吧。

我是董韩梓,我是朱时葳,我们在中国传媒大学北苑餐厅。

妙语廉珠,开启中传地图!

(以校训、校徽、校歌乐谱为背景)这里是中传文化精神的集中承载地,很多已经毕业多年的师哥师姐可能对这儿并不熟悉。这是因为啊,中传文化广场是2019年10月才完工的新地标,是一张校园形象的新名片,也是对建校65周年的献礼。

文化广场位于一教立德楼的东南方,它的旁边就是我们都很熟悉的孔子广场。南面矗立着三面墙体。中间的墙体镶嵌着优化后的巨型校徽,校徽左上方的"since 1954"表示学校始建于1954年,校徽下面这一排"弘道崇德,经世致用"八个楷书大字是学校的人才培养目标。校徽墙体的两边分别是校训墙和校歌墙。校训墙上有一块方形印章式样的篆书校训,下方是"立德、敬业、博学、竞先"的正体校训,端庄厚重,是中传文化精神的集中体现。校歌墙呢,则以简谱加歌词的形式展示了深受师生喜爱并广为传唱的校歌《校园里有一排年轻的白杨》。

65载接续奋斗,65载砥砺前行,学校的发展凝聚着一代又一代广院人、中传人的心血与智慧。年轻的白杨们,接下来的故事就由我们大家一同续写吧!

我是赵悦彤,我在中国传媒大学。

妙语连珠,开启中传地图!

这里有垄断整个中传的"梆子井烤鸭",美名甚至远扬"中蓝"(女生公寓);这里的串串也续写了如今已经不再的定福庄西街的辉煌。

这里与中国传媒大学一条京通高速公路之隔,作为大多数男生的公寓,这也是许多女生久仰大名却望而却步的一块儿神秘区域。

今天让我们揭开梆子井公寓的神秘面纱。

每一个清晨,浩浩荡荡的传媒人才朝气蓬勃地从这里走出;黄昏时刻,被知识所充盈过的我们,拖着疲惫的身躯在这里寻求慰藉,为明天充电。

20米步行街,满足着一名大学生,对于"浮华"生活的向往;

24小时不断电,助力每一位传媒人才冲刺自己的目标;

全天供应的热水,随时让你洗心革面,褪去疲倦;

两个超市,各类商品,以极低的价格满足你时刻燃起的剁手欲;

梆子井食堂,从早到晚,从南到北,无时无刻,应有尽有;

篮球场,400米步道,健身房,让我们对肥宅生活坚决说No;

唯有24:00的红线,不得被跨越,当大门已经锁上,只要你亲切地叫出那声"妈——",阿姨依然用无限的包容把你一次次原谅。

每当各类大型体育比赛的时刻,都可以听到梆子井此起彼伏的呐喊声,用热血共情;每一个属于洗漱的时刻,都可以听到澡堂歌霸,生动演绎夜半歌鸣。温暖与热情,诉说着值得怀念一辈子的集体生活。

我是钟瑞奇,我在中国传媒大学。

学生创作手记:

学生一:以下是参与本次拍摄的学生们的创作手记。每天都在眼前的世界,到底有什么有趣之处?在日常生活中发现美丽,是做这个小片的初衷。

这次拍摄中,我有很大的收获,我对细节有了更高的追求和把控:不同环境中有声语言的把握,光线的布局调整,拍摄角度与出镜效果,着装和妆发是否契合环境……尽可能做到精益求精。

学生二：编写解说词的过程，让我增加了对学校的了解。出境时，肢体语言和表情都要和语言状态一致。视频篇幅较短，需要用丰富的镜头语言来扩充所表述的内容，画面切换的节奏最好快一些。

学生三：真实体验了外景主持人的工作，第一版做成了严肃的新闻出镜记者报道，解说词也很生硬，与整个节目的氛围不搭调。第二版调整了解说词，我也调整了心态和表达状态，接了接"地气儿"，效果就好很多。

学生四：从最开始实地踩点、创作文本，再到镜头拍摄、语言表达，看似简单，但却有着严格的要求。校史馆的历史、意义等，我想展现给受众的太多，但是由于时长的限制需要更加精炼。我是真心诚意地分享。整体节奏的连贯流畅，空镜的选择，剪辑的速度……凡此种种，都需要在实践中发现和体会。

学生五：这次录制极大增强了我的背稿能力。虽然稿子并不长，但是想要一遍过还是有一定难度的，因此在备稿的时候，搞清楚逻辑关系尤为重要。镜头前的积极状态和对象感的把握很重要，本着一颗热爱和服务的心，调动全身心，投入地表达。

学生六：自然真诚交流，"说人话"。白衣服要找个好看的内搭，不然脸太黑。取景、画面构图还要想得再细致一些。一天24个小时，不要找光照最强的时候拍摄。最后，还是搞个自拍杆吧，可以一物多用。

学生七：第一要准备好的就是文本。首先文本是制作思路的文字体现，而且在写文本的过程中自己的编创逻辑会不断被修改完善；其次，会极大节约拍摄的时间。

第二就是注意现场收音效果。这次作品强调现场感，而我的收音不甚理想，后期配口型就会有明显的违和感。

第三就是表达。作为外景主持人或现场报道的记者，要有契合环境的语言表达方式。

学生八：发现老朋友的新变化，拍摄"校园一角"让我重新认识校园。作为广播台成员,我见证了广播台新台的诞生,也感受到了高新技术和直播运作的独特魅力。

狭小封闭的空间如何施展拳脚,安静的环境中如何调动自己饱满的情绪,是我需要继续思考的。

学生九:分段取景容易,但要整合为一个完整的视频,在衔接转场上也得下功夫。作品打造是个连续完整的过程,不能"东一锄头西一棒槌",想到哪儿做到哪儿,构思连贯而精妙是我们应努力做好的。

学生十:组织稿件的结果并不意味着最终呈现的结果。有很多因素可能会影响可视化作品。图像、仪容、环境、表达、神情、状态、后期剪辑,这些因素无一不在发挥着作用。对这些因素的良好统筹就是我们学习的方向。

良好积极的心态很重要。将生活中的小事用积极愉快的方式分享给大家,这是我最大的收获。

学生十一:我们一开始就想着把视频的风格变得活泛一些,让人看着轻松,听着有趣,不过冗余信息还需要精简。

对待细节要严谨,只要出现在画面中的人或物,都应该是有其含义的,所以对于背景和空镜的选择也应该慎之又慎。

学生十二:如何把看似平常的"校园一角"讲出丰富的内容,是我在本次视频中最大的收获。对校训石的介绍,除了具体位置、外观形状外,我还联想到了校训的具体内涵及其设立的时间。从过去的历史和未来的展望这两个角度来讲述,就让结构和内容都完整了。

学生十三:第一次真正意义的外景录播,状态显然和演播室有所不同,需要不断摸索如何更好地与镜头互动。同时也要注意拍摄的质量,画面是否整齐,构图是否美观,色彩搭配和光线等问题。短视频虽小,内涵丰富,方方面面都需要去把关。

学生十四:在日复一日的生活当中,周围的一切已经再普通不过,那么如何将已经生活了两年的学校,说出新花样,是我在创作时遇到的问题。

我的感受是,带着陌生人的眼光去发现一切,用初见的态度去欣赏一切。

分析:"妙语廉珠"有一个多人合作系列作品,主题是中传的"校园一角"。作品由一个专业小组的所有成员协作完成,每位学生完成自己的选景、文案撰写、拍摄、后期等任务,之后全组汇编成一个完整的作品。这个系列的训练重点和难点是,老师和同学们需要多次讨论,做各方面的协调,包括全篇创作的架构,文案风格及语言表达特点如何求同存异,"角落"之间如何衔接,剪辑节奏的统一,服装搭配的设计等。至今,已有三届学生参与创作并在平台上推送。

结　语

　　社会生活节目应具有审视的、揭示的、唤醒的功能，应该追寻精神价值和生命意蕴，传扬与承续民族优秀传统文化，让大众在获得愉悦体验和审美熏陶的同时，提升民族自豪感和国家荣誉感。

　　社会生活节目在新时期的创作思路、传播理念、对象设定、内容选择、结构样态等，都需顺应时代发展而变化。现阶段，社会氛围和谐，民众热切需要潜移默化的精神引导。因此，主持人的传播功能从以宣传教育为主过渡到以服务引领为主，将中国传统文化的精髓作为更深层次的精神支撑，淡化宣传的痕迹，深化分享的体验，在塑造国民的审美能力、审美感情、审美观念、审美趣味等方面发挥积极的作用。

　　社会生活节目在现阶段情势的驱动下，需要极力发掘足以放大内容传播效果的各种表现形式，以求做到喜闻乐见、寓教于乐与弘扬传统相融合。更为重要的是，将当下时代的优秀先进文化灌注到一个个良心作品，潜心打造新时期的文化经典。此外，我们不能一厢情愿地做曲高和寡的事情，只有传者用心、受者乐意，在双方真正取得共享、达成共识、获得共鸣的基础上，我们的文化传承之业才能落到实处。

　　社会生活节目将会在多屏时代加大对社会的文化影响力，这是其应尽的职责，也是其最大的优势，亦是其维持生命活力的根基。缺失文化影响力的社会生活节目是没有灵魂的。现有的危机已经给传播者敲响了警钟，来自社会真切的呼吁也会为传播者提升直面的勇气。

社会生活节目将会在未来一手举着最前沿文化的大旗,一手敲着最厚重文化的大鼓,实现时尚文化与传统文化的和谐发展。文化需要传承,现实也需要历史支撑。只讲过去不说今天会显得沉闷,也会让人失掉前进的勇气;只看今天不翻历史会显得单薄,也会让人忘却出发的起点。社会生活节目将时尚中浮躁、虚华的元素剔除,将传统中滞后、晦暗的元素过滤,让优秀的文化贯穿古今,用现代的解读方式传播给社会。

社会生活节目主持人将会在节目文化品位提升、文化影响力加强的东风中,发挥自己更多的潜质和力量,用自身的传播影响力带动对社会文化的影响力,"使全体人民在理想信念、价值理念、道德观念上紧紧团结在一起,让正能量更强劲、主旋律更高昂"①。

社会生活节目主持人未来会更加注重培养自身优秀的人文素养、良好的文化素质和突出的专业素质。其中,人文素养是主持人所有素质的核心,它包括人文知识的积淀、传统文化的储备、艺术修养的培育等,它统领知识、技能等层面,发挥生成作用,最终形成对人、对生命的深度关怀。

传媒发展新态势下,全媒体平台日趋成熟的建构,社会生活内容创新能力的逐步增强,将会为主持人个性特点的发扬提供更加良好的环境,这样主持人也能够在千变万化的语言环境中不断获得新鲜的灵感,从而不断创作出富有独特性的有声语言传播作品。

---

① 习近平主持中共中央政治局第十二次集体学习并发表重要讲话.[EB/OL].(2019-01-25)[2019-03-08]. http://www.gov.cn/xinwen/2019-01/25/content_5361197.htm.

参考文献

著作类

张颂.中国播音学[M].北京:北京广播学院出版社,1994.

张颂.语言传播文论[M].北京:北京广播学院出版社,1999.

张颂.广播电视语言艺术[M].北京:北京广播学院出版社,2001.

张颂.朗读美学[M].北京:北京广播学院出版社,2002.

张颂.情声和谐启蒙录——张颂自选集[M].北京:北京广播学院出版社,2004.

张颂.播音主持艺术论[M].北京:中国传媒大学出版社,2009.

周宪.中国当代审美文化[M].北京:北京大学出版社,1997.

胡经之.文艺美学[M].北京:北京大学出版社,1999.

金开诚.文艺心理学概论[M].北京:北京大学出版社,1999.

陈力丹.舆论学——舆论导向研究[M].北京:中国广播电视出版社,1999.

吴郁.主持人的语言艺术[M].北京:北京广播学院出版社,1999.

郭庆光.传播学教程[M].北京:中国人民大学出版社,1999.

周月亮.中国古代文化传播史[M].北京:北京广播学院出版社,2000.

胡智锋.影视文化论稿[M].北京:北京广播学院出版社,2001.

罗莉.实用播音教程:电视播音主持艺术[M].北京:中国传媒大学出版社,2001.

罗莉.实用播音教程第四册:电视播音与主持[M].北京:中国传媒大学出版社,2003.

胡智锋.电视的观念:胡智锋自选集[M].北京:北京广播学院出版社,2004.

隋岩.当代中国电视文化格局[M].北京:北京大学出版社,群言出版社,2004.

胡智锋.会诊中国电视[M].北京:文化艺术出版社,2005.

金维一.电视观众心理学[M].上海:复旦大学出版社,2005.

韩青,郑蔚.电视服务节目新论[M].北京:中国广播电视出版社,2005.

胡智锋,江逐浪."真相"与"造像":电视真实再探秘[M].北京:中国广播电视出版社,2006.

尹鸿,冉儒学,陈虹.娱乐旋风:认识电视真人秀[M].北京:中国广播电视出版社,2006.

吴郁.电视节目主持人的综合素质研究[M].北京:中国广播电视出版社,2007.

吴郁.谈话的魅力[M].北京:中国广播电视出版社,2007.

郑蔚,游洁.电视资讯节目新论[M].北京:中国广播电视出版社,2007.

张小琴,王彩平.电视节目新形态[M].北京:中国广播电视出版社,2007.

陆生.走进美国电视[M].上海:复旦大学出版社,2007.

阚乃庆,谢来.最新欧美电视节目模式[M].北京:中国广播电视出版社,2008.

李蕾.引领成长:论儿童电视[M].北京:中国广播电视出版社,2009.

郑欣.平民偶像崇拜:电视选秀节目的传播社会学研究[M].北京:中国传媒大学出版社,2008.

孙宝国.中国电视娱乐节目形态学[M].北京:新华出版社,2009.

曾志华.中国电视节目主持人文化影响力研究[M].北京:北京大学出版社,2009.

李培林,李强,马戎.社会学与中国社会[M].北京:社会科学文献出版社,2008.

汪凤炎,郑红.中国文化心理学[M].广州:暨南大学出版社,2008.

胡正荣.传播学总论[M].北京:清华大学出版社,2008.

曾志华.中国电视节目主持人文化影响力研究[M].北京:北京大学出版社,2009.

喻国明.中国大众媒介的传播效果与公信力研究:基础理论、评测方法与实证分析[M].北京:经济科学出版社,2009.

张春兴.现代心理学:现代人研究自身问题的科学[M].上海:上海人民出版社,2009.

吴红雨.解读电视受众:多元化需求与大众化电视[M].浙江:浙江大学出版社,2009.

焦利.中国中央电视台年鉴2009[M].北京:中国广播电视出版社,2009.

胡智锋.创意与责任:中国电视的本土化生存[M].北京:中国传媒大学出版社,2010.

胡正荣,李煜.社会透镜:新中国媒介变迁六十年[M].北京:清华大学出版社,2010.

辞海编辑委员会.辞海:第6版[M].普及本.上海:上海辞书出版社,2010.

刘昶.欧洲优秀电视节目模式解析[M].北京:中国广播电视出版社,2010.

焦利.中国中央电视台年鉴2010[M].北京:中国广播电视出版社,2010.

胡正荣,朱虹.外国电视名牌栏目[M].北京:红旗出版社,2011.

吴声.场景革命[M].北京:机械工业出版社,2015.

孙坚华.新媒体革命[M].北京:中国工信出版社,电子工业出版社,2016.

新榜.新榜样 新媒体运营实战指南[M].北京:中国工信出版社,电子工业出版社,2016.

施拉姆,波特.传播学概论[M].陈亮,周立方,李启,译.北京:新华出版社,1984.

里奇仕.高能素质[M].李海珍,译.吉林:吉林人民出版社,1999.

菲斯克.关键概念.传播与文化研究词典[M].李彬,译.北京:新华出版社,2004.

麦奎尔.受众分析[M].刘燕南,李颖,杨振荣,译.北京:中国人民大学出版社,2004.

菲斯克.电视文化[M].祁阿红,张鲲,译.上海:商务印书馆,2005.

罗杰斯.传播学史[M].殷晓蓉,译.上海:上海译文出版社,2005.

勒庞.乌合之众:大众心理研究[M].冯克利,译.北京:中央编译出版社,2005.

韦尔施.重构美学[M].陆扬,张岩冰,译.上海:上海世纪出版集团,2006.

谢弗.社会学与生活[M].刘鹤群,房智慧,译.北京:世界图书出版公司,2008.

蒂洛,克拉斯曼.伦理学与生活[M].程立显,刘建,译.北京:世界图书出版公司,2008.

巴比.社会研究方法[M].邱泽奇,译.北京:华夏出版社,2009.

波兹曼.娱乐至死[M].广西:广西师范大学出版社,2009.

韦伯.新教伦理和资本主义精神[M].李修建,张云江,译.北京:中国社会科学出版社,2009.

迈尔-舍恩伯格,库克耶.大数据时代[M].盛杨燕,周涛,译.浙江:浙江人民出版社,2013.

报纸期刊类

《电视研究》

《中国广播电视学刊》

《现代传播》

《人民日报》

《新华文摘》

《视听界》

《南方电视学刊》

《现代视听》

《新闻传播》

网络平台

百度网

央视网

腾讯网

优酷网

爱奇艺

哔哩哔哩

土豆网

微信公众平台订阅号

图书在版编目（CIP）数据

社会生活节目主持艺术 / 廉伟著. -- 北京：中国传媒大学出版社，2020.10（2023.8重印）
（全媒体播音主持实务丛书）
ISBN 978-7-5657-2803-7

Ⅰ. ①社… Ⅱ. ①廉… Ⅲ. ①节目主持人—语言艺术—研究 Ⅳ. ①G222.2

中国版本图书馆 CIP 数据核字（2020）第 209006 号

社会生活节目主持艺术
SHEHUI SHENGHUO JIEMU ZHUCHI YISHU

著　　者	廉　伟
策划编辑	赵　欣
责任编辑	赵　欣
特约编辑	周　蕊
责任印制	李志鹏
封面设计	拓美设计
出版发行	中国传媒大学出版社
社　　址	北京市朝阳区定福庄东街 1 号　　邮　编　100024
电　　话	86 - 10 - 65450528　65450532　　传　真　65779405
网　　址	http://cucp.cuc.edu.cn
经　　销	全国新华书店
印　　刷	北京中科印刷有限公司
开　　本	710mm×1000mm　1/16
印　　张	14
字　　数	220 千字
版　　次	2020 年 10 月第 1 版
印　　次	2023 年 8 月第 2 次印刷
书　　号	ISBN 978-7-5657-2803-7/G·2803　　定　价　49.00 元

本社法律顾问：北京嘉润律师事务所　郭建平